KB235131

더 깊은 신앙을 위한 책 읽기

내 영혼의 book

북소리

내 영혼의 북소리

book

정병진 지음

이담
Books

기독교가 전 세계적으로 급속하게 몰락하는 중요한 이유 중 하나
는 오늘날 많은 목회자들이 성장주의와 교리주의에 사로잡힌 채, 비
판적인 성찰을 통한 분별력(prudence)을 상실함으로써 복음의 능력을
온전히 살려내지 못하기 때문일 것이다. 정병진 목사는 이 책을 통해
자신이 어떻게 최근의 역사적 예수 연구에 기초하여 더욱 넓고 깊은
신앙의 바다로 나아가게 되었는지를 보여 준다. 지적인 정직성과 영
성의 깊이를 통해 시대적인 어둠을 창조적으로 돌파하려는 그의 열
정과 몸부림은 성서 기자들과 해석자들의 오랜 전통에 닿아 있다. 그
래서 그가 밝힌 작은 촛불은 하나님의 거룩하심과 애통하심에서 우
러나는 복음의 능력을 드러내어 교회가 새롭게 살아날 수 있는 길을
제시한다.

– 김준우(한국기독교연구소 소장)

가끔 사람들이 내게 묻는다. "읽을 만한 책 좀 소개해 주세요." 이런
질문처럼 난감할 때가 없다. 우선 당장 읽고 있는 것을 소개하기엔 그
다지 편치 않은 것일 때가 많다. 물론 언젠가 읽었던 것들 중에 찾자
면 적잖이 많겠지만, 막상 질문을 받았을 때 그것들이 도무지 생각이

나지 않는다. 한데 정병진 목사를 떠올렸더라면 난감함이 한결 덜어
졌을 것이다. 오래전부터 그는 그리스도인이 꼭 읽어야 하는 책들에
관한 서평 칼럼을 써 왔으니 말이다. 언젠가 그간 써 왔던 것들을 모
아 책을 내 보라고 권고했는데, 드디어 그것을 묶어 책으로 펴냈다.
그는 양서를 고를 줄 아는 탁월한 능력을 가졌다. 그리고 재치 있고
내실 있게 글을 쓸 줄 안다. 읽어 보면 곧 알겠지만, 이 책에서 다루고
있는 책들은 그야말로 우리시대의 신학도 혹은 교양적 그리스도인이
라면 꼭 읽어야 하는 훌륭한 저작들이다. 아무튼 정병진 목사 덕택에
나는 난감한 일을 덜었다.

— 김진호(제3시대그리스도교연구소 연구실장)

책머리에

볼테르는 "아무리 유익한 책이라도 그 반은 독자가 만든다."는 말을 남겼다. 맞다. 실제 책은 일방적으로 독자에게 주어지는 법이 없다. 어떤 책일지라도 속성상 '말 걸기'이지 만고불변의 정확무오한 '정답'을 일러 주는 것은 아니다. 반드시 책 읽는 자의 고유한 몫이 남아 있다. 신약성서를 읽다 보면 "읽는 사람은 깨달아라"(막 13:14)라고 쓰인 대목을 만난다. 글쓴이가 독자로 하여금 내용을 읽고서 무언가 알아차리기를 바라는 말이다. 하지만 아무리 탁월한 저자라도 독자에게 자신이 의도한 뜻을 하나 빼거나 더함 없이 손에 쥐어 줄 수는 없는 노릇이다. 책 읽는 사람은 어차피 자신의 경험과 상상 가운데서 책을 읽고 이해/오해하는 해석의 과정을 거치게 마련이다. 몇 해 전 동화작가 권정생 선생님 댁을 방문해 이런저런 이야기를 나눈 적이 있다. 그때 선생님께서 쓰신 여러 작품 중에서 가장 아끼시는 책이 무어냐고 여쭤 보았다. 그런데 베스트셀러가 된『몽실언니』나『강아지 똥』대신, 그리 잘 알려지지 않은『초가집이 있던 마을』이라고 답하셔서 놀랐다. 한 예이지만 저자의 쓰기와 독자의 읽기가 반드시 일치하는 건 아님을 여기서도 금방 알 수 있다.

책을 읽되 어떻게 읽느냐가 그래서 중요하다. 책 한 권을 놓고도 누가·왜·어떻게 읽느냐에 따라 그 값어치가 천양지차로 다를 수 있다.

'저자적 독자'라는 말도 있거니와 어떤 면에서 독자는 저자가 보지 못했던 것까지 볼 수 있을 가능성이 많다. 문자는 콘크리트처럼 의미를 굳혀 못을 박듯 잡아매는 습성이 있다. 그렇지만 독자는 '창조적 읽기'로 새로운 의미를 생성시켜 책이 만든 성채에 갇히지 않는다. 물론 순전히 게으른 읽기 탓에 그런 문자가 만든 성채에 갇혀 허우적대는 사람들도 많다. 아무런 생각 없이 그저 주어진 대로 넙죽 받아먹기만 해서 그렇다. 이 책에도 그런 글이 없다고 장담 못 하겠다. 반면교사로 삼기 바란다. 학인들은 이구동성으로 말한다. 무릇 책 읽는 사람은 저자와 부지런히 대화하고, 때로는 치열한 칼싸움조차 두려워 말아야 한다고. 다산도 허술한 독서를 이렇게 경계한다. "책을 읽는 것은 뜻을 구하기 위해서다. 만약 뜻을 얻지 못한다면 날마다 천 권을 독파한다 해도 담벼락을 마주하고 있는 것과 진배없다."(정민, 『다산어록 청상』, 120) 실제로 눈앞에 펼쳐진 현란한 글 풍경에 도취된 나머지 흐리멍덩하게 자신을 내맡기면 아무리 많이 읽어도 남는 게 거의 없다. 대충 읽다가는 피와 살이 되는 지식의 온축을 기대하기 어렵다. 어찌 보면 세상에 좋은 책이나 나쁜 책이 따로 있는 것이 아니다. 책도 칼처럼 그것을 누가 어떻게 다루느냐에 따라 사람을 살리기도 죽이기도 할 뿐이다. 그래서 움베르토 에코는 『장미의 이름』에 "현자의 눈으로 보면 아무리 거짓을 적은 서책일지라도 지혜의 빛을 발한다.”고 적었다.

성공적인 독서법을 알려 주겠다는 안내서가 시중에 수두룩하다. 다 나름 유익한 충고를 해 줄 것이다. 다만 책을 잘 읽는 가장 오래되고 확실한 비결이 하나 있다. 간단하게나마 서평을 꾸준히 써 보는 일이다. 그러려면 당연히 책을 더 깊이 읽을 수밖에 없고 자신의 생각도 잘 정리할 수 있다. 나만 하더라도 책을 읽고 나서 얼마간 시간이 흐르면 기억에 남는 게 별로 없어 가벼운 마음으로 이런 작업을 시작했다. 그러다 내친김에 한 2천 권까지 해 보자는 목표를 세워 보기도 했다. 지금까지 겨우 160여 권 남짓 서평을 썼으니 너무 거창한 포부였지 않았나 하는 생각이 든다. 물론 언제까지라는 시한은 정하지 않았으므로 우공이산(愚公移山)이라고 일생을 두고 천천히 한다면 못 할 일도 없을 것이다. 김현이나 장정일 같은 작가들처럼 독서일기 형태로 촌평을 해나가면 더욱 속도를 낼 수도 있다. 하나 그러면 뭐하랴. 많은 실적을 쌓는 데 골몰하기보다는 한 권이라도 제대로 읽고자 힘쓸 일이다.

독서 입맛이 그리 까다롭진 않으나 직업은 못 속인다고 아무래도 종교서적을 많이 읽는다. 특히 급진적이거나 논쟁이 될 법한 책들에 끌리는 편이라 신앙의 경계를 넘나들며 모험조차 마다않는 책들을 주로 읽은 것 같다. 여기서 다룬 책을 이미 읽은 분이나 아직 만나지 못한 분이나 '이렇게 읽는 사람도 있구나.' 하면서 독서의 대장정에 그저 참고삼아 주었으면 하는 바람이다. 오늘 한국교회는 반(反)지성주의와 근본주의가 주류를 이루는 형세다. 이런 한국교회의 내일을 염려하는 분이라면 눈길 끄는 책을 이곳에서 여럿 마주할 것이다. 굳이 그런 분이 아니라 해도 근래 그리스도교의 고민이 무엇인지 들여다보는 좋은 기회를 얻게 되지 않을까 싶다. 맹신적 기독교를 통렬히 비판한 책 『예수는 없다』가 불교계에서도 많이 읽혔다는 이야기를 저자에게 들은 적 있다. 불교에도 똑같은 비판이 적용될 수 있다는 취지에서, 승가대학의 어느 교수님은 학생들에게 일부러 읽혔다고도 한다. 이웃종교인일지라도 여기 실린 서평을 그런 각도에서 읽으시면 유익할 것이다.

이 책에 묶은 서평은 대부분 인터넷 신문 ≪오마이뉴스≫ ≪뉴스앤조이≫ 월간 ≪새가정≫등에 기고했던 것들이다. 지금 보면 부끄럽고 아쉬움이 남는 글이 많지만 당시에는 꽤 열심히 매달려 썼던 것 같다. 처음부터 책으로 묶을 계획을 가지고 쓴 게 아니므로 들쭉날쭉한 감이 없지 않다. 현명한 독자들께서 널리 양해해 주시기 바란다. 책이 좋아 시작한 일이지만 어떤 때는 무거운 부담 때문에 그만두고

픈 적도 많았다. 혼자 읽으면 되지 그걸 어쭙잖은 평까지 곁들여 여러 사람들과 나눌 것은 또 뭔가 하는 생각에 용기를 잃곤 하였다. 그때마다 어차피 완벽한 글은 없는 것이고 글쓰기로 나를 다듬어 나간다는 생각으로 스스로를 독려했다.

보잘것없는 이 책이 나오기까지 과분한 격려와 조언을 아끼지 않으신 오강남 · 차정식 · 김준우 교수님과 김진호 목사님께 깊이 감사드린다. 이분들은 내 신학수련 여정에서 등대 같은 역할을 해 주셨다. 오늘까지 함께 책을 읽고 신앙의 길벗이 되어 온 솔샘교회 모든 교우들께도 감사의 인사를 드린다. 이 책의 출판을 결정하고 끝까지 참고 기다려 준 한국학술정보(주)와 담당 문진현 선생께도 감사드린다. 끝으로 거친 글의 첫 번째 독자가 되어, 자주 다듬어 주고 조언해 준 아내에게 이 자리를 빌려 고마운 마음을 전한다. 우릴 깨우는 북소리를 듣고 눈뜨는 신앙인이 조금이라도 생겨난다면 더 이상 바랄 게 없겠다.

2010년 10월

소호 바닷가에서 정병진

차례

II. 신앙의 아름다움을 위하여····77

Ⅰ. 나사렛 예수의 길을 찾아서

크리스마스에 감추어진 비밀

리차드 A. 호슬리/손성현 옮김,
『크리스마스의 해방』(다산글방, 2001)

크리스마스는 더 이상 기독교인들만의 축하 절기가 아니다. 기독교 주요 절기 가운데 유독 일반에 깊숙이 뿌리내렸고, 급기야 소비와 향락을 부추기고 즐기는 대표적인 날로 전락하고 말았다. 미국은 세계 자원의 무려 25~40%를 소비한다. 그런데 이 나라에서는 추수감사절과 성탄절 사이 4주 동안 한 해에 팔리는 모든 상품의 40%가 팔린다고 한다. 놀라운 일 아닌가? 이제 크리스마스가 되면 사람들은 아기예수 탄생과는 그다지 상관없어 보이는 신화 하나를 저절로 떠올린다. 약삭빠른 장사꾼들이 성 니콜라스(St. Nicholas)를 신비의 산타클로스 할아버지로 훌륭하게 둔갑시키는 데 성공한 것이다. 요즘엔 아이나 어른 가릴 것 없이 크리스마스가 다가와도 더 이상 아기 예수 탄생엔 별 관심이 없는 것 같다. 아기 예수를 기다리느니 차라리 크리스마스를 겨냥한 화려한 헐리웃 영화의 개봉 혹은 산타클로스를 기다리는 게 낫다고 생각하는 실정이다.

앞뒤가 바뀐 이런 때일수록 아기 예수탄생을 둘러싼 첫 번째 성탄절 전후에 과연 무슨 일이 벌어졌는지를 다시 살펴볼 필요가 있다. 그리하여 지금의 크리스마스에 대한 근본적인 반성을 해 보는 것도 뜻깊은 일이리라. 호슬리(R. A. Horsley)의 이 책은 첫 번째 크리스마스를 둘러싼 매우 유익하고 중요한 역사적 사실을 일러 준다. 한 가지 예를 들어보자. 주전 4년, 독재와 철권통치로 악명 높던 헤롯대왕이 사망했다. 그러자 긴 세월 억눌렸던 민중들의 분노가 한꺼번에 폭발하고 말았다. 바로 이즈음 대중적인 세 개의 메시아 운동이 일어났고 로마는 대규모 진압군을 파견하였다. 당시 로마군에 의해 자행된 무자비한 학살과 노예징발은 모두 후에 예수께서 주로 활동하던 곳에서 일어났다. 시리아 총독 바루스(Varus)가 이끄는 로마군은 저항의 본거지인 나사렛 부근의 세포리스를 불사르고 그곳 주민들을 노예로 팔았다. 용케도 엠마오 주민들은 로마군이 들이닥치기 전 이미 피난을 떠났다. 그러나 바루스는 로마 보급부대 병사들을 살해한 보복으로 마을을 완전히 불태워 버렸다. 로마군은 반란에 관여된 지역을 모두 소탕했다. 수많은 사람을 붙잡아 가두었고 무려 약 2천 명이나 되는 유대인들을 십자가에 처형했다는 기록이 남아 있다.

아기 예수가 탄생할 무렵, 천사와 천군이 들판 목자들에게 홀연히 나타났다. 그들은 "지극히 높은 곳에는 하나님께 영광이요 땅에서는 기뻐하심을 입은 사람들 중에 평화"(눅 2:14)라고 선포했다. 이 장면은 단지 신비롭고 아름다운 이야기로 널리 알려졌다. 하지만 아기 예수 탄생의 역사적 배경을 알고 나면 이들의 노래가 전혀 새롭게 다가올 것이다. 상상해 보라. 로마군의 살육으로 산더미같이 쌓인 시체들, 한 가닥 희망이라고는 도무지 보이지 않고 참혹한 나날들만 지속되던 때를 말이다. 그들 가운데서 구원자 아기 예수가 조용히 태어났던 것이다.

고교 시절 친구를 따라 예수전도단 찬양모임에 다니며 즐겨 불렀던 복음송이 하나 있다.

> 내 영혼 주 찬양하며
> 하나님 내 구주를 기뻐함은
> 능하신 이가 큰일 행하시니
> 그 이름 찬양해

그때는 마리아의 노래에 담긴 깊은 뜻을 전혀 몰랐다. 그저 찬양 선율에 도취되어 불렀을 뿐이다. 하긴 마리아의 노래에 담긴 사회 정치적 의미를 제대로 알고 이를 노래로 부르는 사람들이 과연 몇이나 될까? 국내 여러 찬양 선교단체가 만들어 보급하는 각종 복음송 가사에서 역사의식을 발견하기란 쉽지 않다. 대다수 복음송이 현실의 삶과 동떨어져 있는 것이다. 하지만 찬양 선교단체에 모든 책임을 돌릴 수는 없는 노릇이다. 호슬리는 "성서 해석학 분야에서 현대 신학의 특별한 관심들은 마리아의 노래와 같은 승리의 노래 속에 담긴 혁명적인 주제를 은폐해 왔다."고 밝히기 때문이다. 왜 그랬을까? 호슬리에 따르면, 흔히 학자들은 구원을 지극히 개인적이고 영적인 것으로 이해하는 데 치중했다. 그 결과 예수 탄생의 역사적 배경 속에서 얻을 수 있는 특수한 의미를 간과하고 말았다. 마리아의 찬가, 사가랴의 노래, 시므온의 노래에 담긴 사회 정치적 차원의 강력한 메시지가 모두 잊혔다. 대신 이 노래들에 단순히 기독론적인 의미만 담겨 있는 것으로 널리 알려지게 되었다.

로마황제 아우구스투스(Augustus)는 숱한 정복전쟁을 벌여 무자비한 대량학살과 대량노예화로 로마의 평화(Pax Romana)를 이루었다. 그러자 로마인들은 그를 기쁜 소식(복음)과 평화를 가져온 자·구원자이자 은인·신(神)의 현현으로 보고 숭배하였다. 아기 예수는 바로 이 시대에 태어났다. 때문에 호슬리는 복음서의 예수 탄생 설화를, 진정한 평화의 구원자가 누구인지 선언하는 민중들의 의미심장한 전승으로 본다. 그래서 아기 예수 탄생의 역사적 맥락을 살피면서 당시 민중이 예수 탄생설화로 간절히 염원했던 해방이 무엇이었는지 밝혀낸다. 예수 탄생 설화는 여기서 그치지 않는다. 호슬리는 '그때 거기'의 사건이 아니라 '오늘 여기'의 사건으로 아기 예수 탄생 설화가 재현되고 있다고 말한다.

세계 초강대국인 미국은 중앙아메리카 여러 나라에 괴뢰 정부를 세우곤 하였다. 그리고 이 괴뢰 정부들에 의해 엄청난 피의 살육과 착취·억압·투옥·감시·초토화가 번번이 자행되었다. 칠레·니카라과·엘살바도르·과테말라·아이티…… 이 모든 중남미 국가에서 가까운 과거에 과연 무슨 일이 일어났던가? 단적인 예로 미국 괴뢰 정부였던 니카라과의 소모사정권은 니카라과를 마치 개인 농장처럼 취급했다. 국가 은행을 자신이 멋대로 유용할 수 있는 개인 구좌로 전락시키기도 하였다. 외부의 원조나 구호물자가 있으면 자신의 일가와 국가방위군 장교와 소수 권력층들이 죄다 착복하였다. 소모사 일가와 미국식 훈련을 받은 국가방위군 장교들은 독재 정권 40년 동안 대략 4만 명의 니카라과인을 죽여 권좌를 유지한 것으로 알려졌다. 물론 미국의 비호와 군사적 원조가 뒷받침되었기에 가능했음은 주지의 사실이다.

다행히 각처에서 생겨난 '기초공동체'들은 독특한 성서 읽기를 하면서 자신들이 처한 현실을 점차 직시하게 되었다. 가령 1970년대 솔렌띠나메의 민중은 독재자 소모사를 헤롯과 동일시했다. 헤롯대왕이 아기 예수를 죽이려고 눈이 뻘겋게 찾는 대목은 소모사가 니카라과를 해방시킬 자를 미리 제거하기 위해 안간힘을 쓰는 모습과 똑같다고 읽었다. 헤롯이 죽은 뒤에도 예수의 부모들과 어린 예수는 계속 숨어 있어야 했다. 이 장면은 소모사가 죽고 다른 사람이 권력을 잡았을 때, 니카라과의 민중이 계속해서 겁을 먹었던 상황과 같다고 보았다.

이는 성서를 읽을 때 우리의 전이해(前理解)가 매우 중요함을 보여주는 좋은 사례다. 현장에서 얻은 전이해가 있어야 성서가 담고 있는 의미가 보다 구체적이고 직접적으로 다가오게 되는 것이다. 한국 민중신학은 유신독재가 횡행하던 1970년대에 태동하였다. 한때 민중신학자들은 "민중의 눈으로 성서를 읽자."며 현실 상황에 비추어 생각하는(유비 analogy) 성경공부를 주장하였다. 이러한 성서 읽기는 모호하고 추상적인 말씀으로만 다가오던 성서를 오늘 우리의 이야기로 바꾸어 놓는다. 그리하여 마침내 '이해'에 이르게 하는 '해방의 해석학'을 제공한다. 올해도 어김없이 크리스마스가 다가온다. 아기 예수가 태어났던 해 그랬던 것처럼 여전히 우리 주위엔 기쁨과 해방의 소식을 간절히 기다리는 가난한 사람들이 많다. 첫 번째 성탄의 의미를

깊이 되새기며, 그들에게 따뜻한 작은 희망이 되고자 하는 모두에게
이 책은 적지 않은 힘이 될 것이다.

역사적 예수는 유대의 농민 견유 철학자?

존 도미닉 크로산/김기철 옮김,
『예수』(한국기독교연구소, 2001)

어지간한 기독교인이라면 예수에 대해 많은 사실을 알고 있다고 자부한다. 과연 그럴까? 사람들이 흔히 알고 있는 예수생애라 해 봐야 실상 별 게 아니다. 기껏해야 복음서를 비롯한 몇몇 성서 본문에서 말하는 '다양한' 예수상(像)일 뿐이다. 그런데 대부분 이런 예수상의 미묘한 차이를 거의 알아차리지 못한다. 매주 교회 설교와 성경공부로 '한 사람 예수'를 듣고 배우기 때문이다. 하지만 찬찬히 살펴보라. 사복음서를 대조해 보면 똑같은 사건 보도에서도 차이가 남을 쉽게 발견할 수 있다. 이렇게 말하면 어떤 이는 다음과 같이 반박하려 들 것이다. "한 인물에 대한 진술이 엇갈리고 분분한 것은 오히려 그게 역사적 사실이기 때문에 가능하다. 사복음서 저자와 바울이 경험하고 이해한 예수가 당연히 각기 다를 수밖에 없는 거 아니냐?" 일리 있는 지적이다. 그렇지만 성서의 다양한 예수상에 대한 궁금증이 시원스레 해소되진 않는다. 진정한 예수의 모습이 어떠했는지 정직한 답변을 찾아야 한다. 사실 '역사적 예수 탐구'는 지난 2천 년간 교회 전통과 교리로 덧칠된 예수상을 극복하기 위한 하나의 힘겨운 신학적 몸부림이다.

이 책의 저자 크로산은 북미 역사적 예수 연구의 최고 권위자 중 한 사람이다. 그는 지금까지 약 40여 년 동안(거의 한평생이라고 해도 과언이 아닐!) 역사적 예수 연구에만 몰두해 온 학자로 알려졌다. 이런 그의 저서가 속속 번역 출간되고 있으니 반가운 일이 아닐 수 없다. 이 책『예수』는 먼저 나온『역사적 예수』라는 방대한 책을 저자가 일반 독자를 위해 보다 풀어 다시 쓰고 축약해 내놓은 것이다. 그렇다고 단지 요약 수준에 그치진 않는다. 크로산은『역사적 예수』출간 이후 많은 질문·반론·토론을 거쳤다. 이렇게 세공한 뒤 내놓았으니 가볍게 여길 일은 아니다. 원래 부제인 '하나의 혁명적 전기(A Revolutionary Biography)'라는 말이 함축하듯, 이 책은 예수에 대한 기존의 이해를 뒤흔드는 어찌 보면 그야말로 위험천만한 책이다. 나는 이 책을 읽으면서 마치 외줄타기 하듯 곳곳에서 아찔한 경험을 하였다. 주지하듯 한국은 역사적 예수연구가 성황을 이루기에는 아직 요원한 실정이다. 한데 대중들이 이 책을 읽게 될 때 과연 어떤 반향을 낳을지 자못 궁금하다. 아마 과거 예수에 대한 반응이 그랬듯, 매우 다양한 평가가 나올 것이다.

> 그는 바보다. 무시해 버리자.
> 그는 미친 사람이다. 내버려두자.
> 그는 위험하다. 그와 싸우자.
> 그는 범죄자다. 처형하도록 하자.
> 그는 하나님이다. 그를 경배하자(292쪽).

예수 연구로 평생을 보낸 한 신학자의 연구 결과가 일부 극성스런 기독교인들에 의해 일방적으로 매도당하지나 않을까 우려스럽다. 이 책은 최근 예수연구의 매우 급진적인 시각을 소개하는데다, 기존 기독교 신앙을 뿌리째 전복시킬 만한 내용을 담고 있기 때문이다. 맘 편히 이 책을 잡고 읽기 시작한 사람은 불과 몇 장을 못 넘겨 책을 그냥 덮고 싶은 충동을 느낄지도 모른다. 하지만 이 책 『예수』는 우리가 결코 간과하지 말아야 할 중요한 점을 말해 준다. 크로산에 따르면 역사적 예수는 유대 농민 출신의 견유(cynic)적 현자였다. 그의 전략은 무료 치유와 누구에게나 개방된 공동식사를 결합하는 것이었다. 예수가 한 곳에 정착하지 않고 끊임없이 움직인 까닭은 무엇일까? 그것은 인간과 인간 사이, 하나님과 인간 사이에 브로커(broker)도 매개자(mediator)도 되기를 거부했기 때문이었다. 예수의 활동은 종교·경제적 평등주의라는 원칙에 입각해서 이루어진 것이라 볼 수 있다. 이는 유대교의 엄격하기 짝이 없는 정결 규정이나 지중해 지역에 널리 퍼져 있던 명예와 수치·후견과 의뢰의 가부장제적인 결함에 대한 직접적인 도전이었다. 또한 선을 긋고 경계를 나누며 계급체제를 구축하고 차별을 지속시키고자 하는 문명의 영원한 속성에 대해서까지 도전하는 행위였다.

크로산은 이 책을 기술하는 방법론으로 세 개의 독립적인 방향축
(교차문화인류학·그리스―로마 및 유대역사·문학 혹은 본문비평)이
교차하는 곳에 예수를 위치시키고자 시도한다. 독자는 일반인들이 좀
처럼 접할 수 없는 여러 가지 고대 사료들의 자유로운 인용에 놀라게
될 것이다. 그리고 이런 다양한 자료에 비추어 예수를 새로운 지평에
서 이해하게 되지 않을까 싶다. 크로산의 성실한 연구 작업에 경의를
표하지만 선뜻 납득하기 힘든 주장도 있다. 그는 예수 생애에 관한
복음서의 수많은 진술들을 후대 유식한 그리스도인들에 의해 치밀하
게 '창작'되거나 '되쏘아진(retrojected)' 것으로 본다. 그렇다면 대체 실
제 예수에 관한 무엇이 남을 수 있을까 하는 근본적인 의문이 생긴다.
크로산은 예수의 십자가 처형과 매장 사건의 경우 순서상 예언적 수난
보다 역사적인 수난이 먼저 있었다고 본다. 그리고 훗날 예언적 수난
(히브리 성서 본문에서 예수 수난에 대한 예언 발견)이 밝혀지자 이 둘
을 하나의 이야기로 재구성해 설화적 수난사화를 만들었다고 말한다.

그렇다면 예수의 수난사화는 우리가 성서를 통해 알고 있는 내용
과는 판이하게 다를 수밖에 없다. 후대 유식한 제자들의 정교한 작업
을 거쳐 드라마틱하게 변형되거나 창작되는 과정을 밟았다고 볼 수
있기 때문이다. 진정한 역사적 예수를 어렵사리 찾아내었다 치자. 그
런들 극히 일부에 지나지 않는 그에 대한 짤막한 기록들과 그가 남긴
단편적인 어록들로 우리가 도대체 예수에게서 무엇을 건질 수 있을
까? 또한 그것이 오늘 그리스노인의 실천에 무슨 기여를 할 수 있을
까? 물론 크로산의 주장은 매우 논리 정연하며 강력하다. 하지만 역사
적 예수를 복원한다고 기존의 텍스트 대부분을 창작과 가필로 돌릴
경우 예수를 발견하기는커녕 오히려 미궁에 빠져들지 않을까 싶다.

다행히 크로산은 자신의 주장을 절대적인 것으로 고집하지 않고 역사적 예수 연구의 개방성을 말한다. '다양한 역사적 예수 연구'가 동시대의 일반 학문의 성과와 학제 간의 연구가 가능토록 방법론에 대해 열려 있어야 하며 세상의 학문적 판단을 받아들일 수 있어야 한다고 주장한다. 옳은 말이다. 그의 주장처럼 '다양한 역사적 예수'가 시대적 요구에 발맞춰 연구되는 것이 바람직하다. 그리고 이에 기초해 예수에 대한 기존의 낡은 기독교 신앙도 쇄신해야 할 것이다. '그때의 예수'를 새롭게 이해하면, '오늘의 그리스도'로서 그가 현재 의미하는 바를 다시금 의미심장하게 깨달을 수 있기 때문이다. 이럴진대 역사적 예수 연구는 일부 학자들이 단순한 호기심 차원에서 과거사를 발굴해 내려는 고루한 작업이 결코 아니다. 이 연구의 진정한 의의는 오늘의 그리스도가 어떤 분이어야 하는지를 정직하고 진지하게 되묻는 작업이다. 더불어 긴 세월이 흐르는 동안 자꾸만 왜곡되고 굴절된 기독교 신앙을 다시금 제대로 바로잡는 혁신적인 작업 중의 하나이다. 크로산의 이 책은 오늘 한국 그리스도인들에게 던지는 하나의 매우 중요한 도전장이 될 것이다.

예수의 기적을 어떻게 볼 것인가?

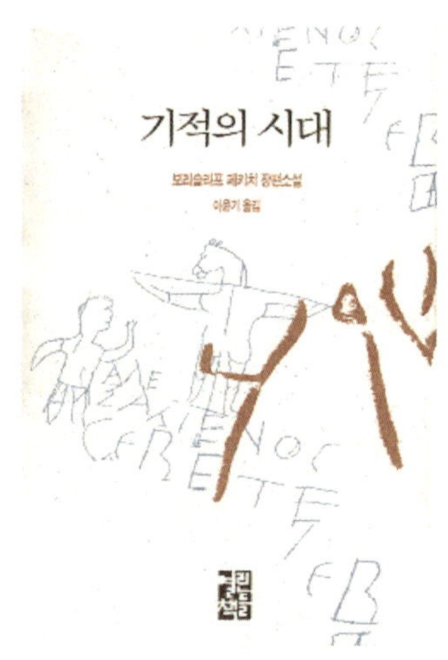

보리슬라프 페키치/이윤기 옮김,
『기적의 시대』(열린책들, 2000)

복음서를 읽어보면 예수는 수많은 기적으로 대중을 휘어잡는다. 귀신축출이나 치유이적들은 말할 것도 없고 죽은 자를 무려 세 차례나 소생시켰다. 물로 포도주를 만들고 두 차례의 급식이적을 베풀었으며(오천 명과 사천 명 이상이나 되는 사람들을 먹임) 바다 위를 걷기도 한 것으로 나온다. 이러한 예수의 기적 기사는 복음서 상당부분을 차지한다. 가령 최초의 복음서로 알려진 마가복음의 31%가 예수의 기적 관련 내용이다. 이러니 예수를 말할 때 기적은 결코 빼놓을 수 없는 요소다. 하지만 이 놀라운 기적들은 예수를 여느 인간과는 전혀 다른 존재로 널리 오해하게 만들었다. 전통 교회가 기적을 지나치게 부각시킨 덕에 '사람의 아들' 예수는 가뭇없이 사라지고 신적인 예수가 덩그렇게 남았다. 예수의 기적에 과도하게 덧씌워진 권위의 무게를 덜고 사람 예수를 구해 낼 필요가 여기에 있다. 이를 위해, 소설 『기적의 시대』는 추천할 만하다. 이 책은 예수가 행한 여러 기적들에 유쾌한 패러디를 가한다. 작가 페키치는 기적을 행한 주체인 예수를 주인공으로 내세우지 않는다. 오히려 기적의 수혜자였던 사람들을 중심으로 그들 각자에게 기적이 일어난 다음 어떤 상황이 전개되었는지 빼어난 상상력을 발휘하여 그려낸다. 때문에 이 소설은 복음서들이 예수와 그 제자들의 행적을 중심으로 기록하고 있는 것과는 상당한 차이가 있다. 페키치가 예수의 기적을 어떻게 이해하고 있는지는 '가나의 기적'을 회고하는 수제자 베드로의 다음 말에서 잘 드러난다.

> 내가 여기에서 말하고자 하는 기적도, 그분이 베푸신 수많은 기적, 가령 벙어리의 혀를 풀어 주시고, 미친 자의 정신을 돌려주신 등의 기적이 아닙니다. 왜 그런 기적이 아닌가 하면, 벙어리의 혀를 풀면 고자질하기 좋아하는, 그래서 배신하기를 두려워하지 않는 자가 생길 뿐이요, 소경의 눈을 뜨게 하면 호기심이 많은 자, 그래서 첩자 노릇을 두려워하지 않는 자만 생길 뿐이요, 죽은 자를 되살리면 죄인, 그래서 남의 원수 되는 자가 늘어갈 뿐이기 때문입니다. 그러니 그리스도 안의 형제들이여, 그런 기적은 잊어버리시오(24쪽).

예컨대 '야브넬의 기적'은 예수의 기적이 낳은 비극을 이렇게 묘사한다. 야브넬은 정결한 성읍인 구(舊) 야브넬과 문둥이들이 모여 사는 부정한 성읍 신(新)야브넬로 나뉜 성읍이다. 에글라라는 여자는 구 야브넬에서 마을의 전령관인 여로보암과 꿈같은 신혼생활을 시작했다. 그런데 한 달도 채 안 되어 몸에 문둥병이 발병하고 말았다. 에글라는 율법에 따라 남편을 떠나 문둥이들이 모여 사는 신야브넬로 추방당해야 했다. 거기서 시체 씻는 일을 하는 우리야라는 남자를 만났고 그와 단란한 가정을 이루고 살아간다. 남편 우리야는 끔찍이도 그를 사랑해 주었으나 에글라는 전 남편인 여로보암을 잊을 수 없었다. 그러던 어느 날 길을 지나던 예수를 만났고 뜻밖에 문둥병을 고침받았다. 에글라는 구(舊) 야브넬로 득달같이 달려갔다. 율법이 요구하는 대로 제사장에게 몸이 다시 깨끗해졌음을 확인받았다. 그리고 꿈에도 그리던 여로보암을 찾아가 대문을 두드렸다. 남편 여로보암은 매정했다. 애절한 호소에도 끝낸 문을 열어 주지 않았다. 피부의 문둥병이 나았다지만, 혹시 마음에 남아 있을지 모를 문둥병은 어찌할 수 없다는 이유에서다. 동네 사람들도 에글라가 완전히 고침받았다는 사실을 인정해 주지 않았다. 그는 돌 세례를 피해 눈물을 머금고 다시 신야브넬로 쫓겨났다. 그렇지만 신야브넬 사람들도 문둥병을 치유받은 에글라를 받아주지 않는 건 마찬가지였다. 이유는 몸이 성한 사람과는 같이 살 수 없다는 거였다. 어쩌랴. 에글라는 이곳도 저곳도 속하지 못한 외톨박이 신세가 되어야 했다.

에글라처럼 예수의 기적으로 기적 수혜자가 오히려 불행에 빠진 이야기는 계속 이어진다. 벙어리 네세제베일로 · 맹인 바르티마에우스 · 미치광이 아니아와 레기온 · 창녀 막달라 마리아 · 베다니 사람 라자로, 이 모두가 기적을 맛보았으나 이전보다 심한 곤경을 겪는다. 차라리 고쳐 주지나 말았으면 이토록 불행한 처지로 내몰리진 않았을 게다. 페키치는 예수의 어설픈 기적이 애꿎은 사람들을 더 궁지에 몰아넣었을지 모른다며 살짝 비튼 것이다. 실제로 복권에 당첨되어 일확천금을 얻은 사람들 가운데 행복은커녕 아예 몽땅 망한 사례가 적지 않다. 이를 생각하면 페키치의 상상이 그리 터무니없는 것만은 아니다. 그리스도교의 예수 전승을 제외하면 한 인물에 대한 기적 전승이 그렇게 많이 존재하는 경우는 유례를 찾기 힘들다. 다만 예수와 엇비슷한 시기에 기적을 행한 다른 인물들에 대한 기록은 남아 있다. 먼저 팔레스타인의 기우사(祈雨師)였던 호니(Honi, 서기전 1세기)를 들 수 있다. 이 사람은 마술의 원을 그려서 비를 내리게 하는 능력으로 유명했다. 보다 더 흥미로운 인물은 갈릴리에서 활동했던 하니나 벤도사(Hanina ben Dosa, 서기후 1세기)이다. 그는 기도할 때 뱀에 물려도 아무렇지 않았다. 기도를 해서 멀리 있는 병자를 고치기도 하였다. 귀신을 제어하는 능력도 가지고 있었다고 전한다. 게다가 예수처럼 무소유의 삶을 스스로 선택해서 살았고 제의(祭儀)에 관해서는 무관심했던 것으로 알려졌다.

이런 사실은 예수의 기적이 당시 사회적 정황에서 그다지 독특하지 않았음을 나타낸다. 그때는 병을 고쳐 주고 귀신을 내쫓는 카리스마적 치유자들이 널리 활동하던 시대였다. 심지어 바리새인들 가운데도 귀신을 내쫓는 구마사가 있었을 정도다(마 12:27). 까닭에 예수의 적대자들마저 그가 병 고치는 능력이 있었다는 사실 자체를 부정하지는 않았다. 첨단 과학을 숭상하는 오늘날에도 병원에서 포기한 난치병에 걸린 사람들이 간혹 기적적인 방식으로 고침을 받는 경우가 있다. 따라서 기적적인 치유 사건 자체는 사실 그다지 중요한 일이 아니다. 문제는 기적의 수혜자들이 본의 아니게 예수의 신격화에 동원되었다는 데 있다. 그렇다면 시선을 돌려 복음서에 나온 기적 이야기들을 그들의 입장에서 바라볼 필요도 있다. 더욱이 무엇을 기적으로 볼 것인지에 대한 시각 자체부터 바꾸는 것도 중요하리라. 가령 병을 고치는 일로만 따지자면 예수보다 요즘 일반 병원의 의사 한 사람이 훨씬 더 많이 고칠 것이다. 이럴진대 무슨 병 좀 나았다고 기이한 기적에 혹하여 호들갑을 떨 일이 아니다. 그보다는 차라리 우리가 사람으로 태어나 이 땅에 살고 있다는 사실에 감격할 일이다. 그리고 내 손을 펴서 가난한 이웃을 돕는 일상의 기적들을 창조해 나가는 것이 더욱 소중한 일이라 본다. 아마 작가가 말하고자 하는 바도 여기서 크게 다르지 않을 것이다.

예수는 위대한 인간인가? 신인가?

리차드 루벤슈타인/한인철 옮김,
『예수는 어떻게 하나님이 되셨는가?』(한국기독교연구소, 2004)

"삼위일체 교리에 대해 섣불리 설명하려 들지 마세요. 아무리 훌륭하게 설명한다고 해도 치우치기 마련이라 삐끗 잘못하면 이단으로 몰리기 쉽습니다!"

교회사 공부시간 어느 교수님에게 들은 충고다. 이단으로 몰리면 어떻게 되느냐고? 세르베투스(M. Servetus)라는 사람의 예를 들어보자. 그는 16세기 종교개혁 당시 "삼위일체 교리는 엉터리다."라는 주장을 폈다. 이런 과격한 견해로 종교개혁자 칼뱅에게 논쟁을 걸기도 했다. 영향력 컸던 칼뱅을 설득해 자기편으로 끌어들이려는 시도였다. 칼뱅은 완고하고 잔인했다. 합리적 논쟁 대신 세르베투스를 '이단자'로 지목했다. 그리고 끝내 그를 화형에 처하는 것으로 응수해 주었을 뿐이다. 사실 세르베투스 자신은 죽기까지 신실한 기독교 신자였다. 화형대 위에서조차 하나님의 아들 예수께 불쌍히 여겨달라고 간절히 빌었다. 한데도 그는 삼위일체에 이의를 제기했다는 이유로 이단자로 낙인찍혀 같은 기독교인들의 손에 처형되고 만 것이다(1553년).

불행히도 이런 터무니없고 끔찍한 일들이 그리스도교 초기부터 끊임없이 벌어졌다. 하나님을 어떻게 규정할 것인지를 놓고 견해를 달리하는 사람들이 서로 이단으로 정죄하고 추방하고 더 나아가 숱한 살육까지 서슴지 않았다. 사랑의 화신이신 예수를 구주로 믿는 자들이 벌인 일이라고 보기엔 도무지 납득하기 어렵지만 엄연한 역사적 사실이다. 이른바 종교적 열광주의가 낳은 비극이 그리스도교의 교리 논쟁 과정에서 거듭해서 나타났다. 고로 무슨 진리 수호라는 미명하에 도그마(교리)에 목숨 걸 일이 아니다. 그보다는 예수의 가르침에 따라 이웃 사랑을 실천하는 삶을 사는 것이 훨씬 더 중요하다.

한데 교회는 왜 쓸데없어 보이는 도그마 논쟁을 죽자 살자 벌여온 것일까? 기독교는 로마의 콘스탄틴 황제에 이르러 제국의 종교로 탈바꿈했다. 황제가 개최한 일련의 공의회를 거치면서 교리논쟁이 격화된 것도 사실이다. 하지만 예수의 정체성을 둘러싼 당시의 교리 논쟁을 교회 지도자들이 정치권력을 등에 업고 헤게모니 다툼을 일삼은 것이라고 단정하기엔 다소 무리가 따른다. 그 이전부터 이미 교회 내에서는 예수의 신적 지위에 관한 교리논쟁이 치열하게 진행되고 있었기 때문이다. 그것도 사제들만이 아니라 일반 평신도들에 이르기까지 광범위하게 말이다.

콘스탄틴 황제는 그리스도교라는 종교로 제국의 정신 통일을 이루기 원했다. 그러나 알렉산드리아에서 불거진 아리우스 논쟁이 교회를 양대 진영으로 갈라놓는 것을 보고 정치적 목적으로 이 논쟁에 직접 개입하게 된다. 그가 소집한 최초의 에큐메니칼 회의인 니케야 공의회는 그렇게 해서 열리게 된 것이다. 신학자 틸리히에 따르면 아리우스 논쟁의 핵심에는 구원문제가 깔려 있다. 즉 인간의 완전한 구원을 이루기 위해서는 예수가 피조물이어서는 안 되고 하나님과 동등한 위치에 있어야 한다는 생각과 예수는 하나님에 가까운 위대한 인간일 뿐이라는 생각이 심한 충돌을 일으킨 것이다. 이 논쟁의 중심에는 알렉산드리아의 장로 아리우스와 아타나시우스 주교가 있었다. 이들은 예수가 하나님을 닮은 위대한 인간인가, 아니면 하나님과 동일본질(homoousios)인가를 놓고 한 치의 양보도 없는 공방을 벌였다. 이에 대해 동방교회는 대체로 아리우스를 따랐고 서방교회는 아타나시우스를 지지하는 편이었다.

이 책『예수는 어떻게 하나님이 되셨는가』는 아리우스 논쟁의 양상을 방대한 자료를 바탕으로 소설처럼 실감나게 재구성해 보여 준다. 또 이들의 논쟁이 결국 어떤 결과를 낳았는지 알기 쉽게 잘 정리한다. 아리우스 논쟁은, 아리우스의 주장이 니케아 공의회(325)에서 출발하여 제1차 콘스탄티노플 회의(381)에서 이단으로 정죄되었다는 단편적인 사실에만 그치지 않았다. 이 논쟁이 끝났을 때 그리스도교는 삼위일체라는 신관의 확립으로 건널 수 없는 강을 건넘으로써 유대교나 이슬람과 대화할 수 있는 통로를 잃어버렸다. 유대인인 저자가 이 논쟁에 깊은 관심을 갖고 파고든 이유가 바로 여기에 있다. 그에 따르면 아리우스 논쟁이야말로 우리가 어디에서 왔고 또한 어디에서 나뉘게 되었는지를 말해 준다. 또한 이 폭력적인 분열상이 미래에 어떻게 치유될 수 있을지에 대한 길을 암시해 줄 수 있다.

지금의 서방교회와 동방정교회는 니케아 신조를 모두 인정한다. 니케아 신조는 오늘날 사분오열된 교회의 일치를 이루는 데 매우 중요한 에큐메니칼 신조로 부각되고 있다. 하지만 이 책이 분명히 보여 주듯 니케아 신조를 비롯한 교회의 여러 신조들이 과연 어떠한 사회·정치·문화 배경과 역사 과정을 거쳐서 형성되었는지를 찬찬히 잘 헤아려 볼 일이다. 니케아파를 대표한 아타나시우스는 무려 다섯 차례나 걸쳐 유배와 복귀를 거듭했다. 이 사실 한 가지만으로도 니케아 신조가 하나님의 영감에 의해서라기보다는 정치적 투쟁과 타협의 산물이었음을 금방 알 수 있다. 아리우스파의 주장도 분명 한때 교회의 공식 교리였다. 이 사실을 잊어선 안 된다. 사실 절대불변의 교리라는 것은 있을 수 없다. 교회는 과거로 회귀할 것이 아니라 과거를 반성하고 오늘의 시대 상황에 적합한 새로운 신앙고백을 해야 한다. 이 책은 아리우스 논쟁 과정을 치밀하게 추적해 생생히 보여 주면서 더 나은 신앙의 길을 찾으라고 촉구한다.

나는 왜 교회에 머무는가?

한스 큉/정한교 옮김,
『왜 그리스도인 인가』(분도, 1982)

베르너 진론드(W. G. Jeanrond, 트리니티대 교수, 해석학 분야 권위자)
는 한스 큉(Hans Küng)의 신학을 소개하면서 그에 대해 이렇게 평했다.

한스 큉(1928~)은 20세기 신학에 있어서 하나의 독특한 현상이다.
이 세기에 그처럼 널리 출판되고, 번역되고, 읽힌 신학자는 아무도
없다. 그처럼 주요 논쟁의 초점이 되었던 신학자는 없다. 그처럼
폭넓은 신학적 주제들을 섭렵한 동시대의 신학자는 없다(*The Modern
Theologians*, 164).

쿵은 가톨릭 신부이며 신학자다. 하지만 로마 바티칸에 그리 달갑지 않은 존재다. 그는 칼 라너(Karl Rahner)와 더불어 제2차 바티칸 공의회(1962~1965년)의 공식 신학 자문위원(peritus)으로 활동하며 크게 공헌하였다. 그런데도 1979년 교황청의 미움을 사 가톨릭 종교 교수직을 박탈당하고 가톨릭 신학자의 중심부에서 밀려나는 수모를 겪었다. 줄곧 교회 쇄신을 위한 비판의 목소리를 높였기 때문이다. 가령 그는 교황무류권, 여성 사제, 의무적 독신제도 따위의 교회 내부 문제에 보수적 입장을 고수하는 교황청에 대해 매섭게 공격하였다. 나는 그의 명성을 일찍부터 들어 알고 있었다. 그러나 별 관심이 없다가 그의 최신작 『그리스도교』와 『가톨릭교회』를 읽으며 대번 빠져들었다. 해박한 인문학적 지식을 바탕으로 그리스도교를 이토록 치열하게 성찰하는 신학자가 또 있을까 싶었기 때문이다.

『왜 그리스도인 인가』, 이 책은 『그리스도인 실존 Christ sein』(1974)의 축소판이다. 1980년에 독일에서 처음 출간된 뒤 불과 2년 만에 정한교 선생에 의해 국내에 번역 소개되었다. 축소판이지만 글씨가 작아 요즘 나오는 단행본으로 치면 족히 500쪽 분량은 될 것이다. 벌써 삼십 년 세월이 흘렀으니 내용도 그만큼 고루하리라 생각하면 큰 오산이다. 비록 오래된 책이긴 하나 낡았다는 느낌이 들기보다는 여전히 신선한 자극을 주기에 충분하다. 쿵은 이 책에서 근대 휴머니즘과 세계의 큰 종교들의 도전 가운데 놓인 그리스도교의 현 상황을 냉정히 분석한다. 그런 다음 그리스도교의 출발점이자 핵심인 나사렛 예수는 누구이며 무엇을 가르쳤는지, 오늘날 그리스도인다운 삶이란 무엇인지 해명한다. 그가 보기에 신앙인은 누가 더 인간의 근본 경험을 설득력 있게 해석할 수 있느냐를 놓고 무신론자들과 경쟁관계에 놓여 있다. 날이 갈수록 인간성이 실종되는 이때에, 무신론자들이나 그리스도인 양자 모두에게 이 과제는 매우 중요하게 부각되고 있기 때문이다.

'왜 그리스도인인가?'에 대한 큉의 답변은, 한마디로 '진정한 사람이 되고자'이다. 그러나 만일 그리스도인들보다 훨씬 훌륭하게 휴머니즘을 실행하는 자들이 나타난다면? 그리스도인들은 인본주의자로서만이 아니라 그리스도인으로서도 실패할 것이라고 그는 경고한다. 그럼 어찌 해야 하는가? 큉은 그리스도교에 특유한 점인 예수 자신을 '결정적 척도로 삼고' 그에 대한 '위험한 해방적 기억'을 이론상으로나 실천상으로 끊임없이 활성화해야 한다고 주장한다. 그래야만 오늘날 심각한 도전을 받고 있는 그리스도교가 비로소 희망이 있으리라는 생각에서다. 큉은 역사적 예수의 생애와 그 실천 지향점이 무엇이었는지를 오늘의 문제의식에 기초하여 심도 깊게 다룬다. 그가 볼 때 예수는 집권자·혁명가·도덕가·은둔자 가운데 어디에도 소속되지 않았다. 오히려 그를 둘러싼 좌우사방의 모든 세력들에게 매우 도전적인 인물이었다. 세계종교들의 좌표에 나타나는 대표 네 사람이 있다. 곧 구약의 율법을 대표하는 모세, 탈속한 명상 수도자의 원형인 붓다, 전쟁도 불사하며 신정국가를 세우려 했던 무하마드, 군자(君子)의 덕치를 가르친 현자의 원형 공자다. 큉은 이들과 예수가 일부 유사점이 있으나 실상 사뭇 차원이 다르다고 주장한다.

예수는 세계가 위태로운 상황에 있다고 보고 '다른 차원', 즉 하나님의 일에 집중하여 '다가오는 하나님 나라'를 선포하였다. 그는 인간의 구원을 '모든 일의 척도로 삼고' 원수도 포함한 철저한 사랑의 길을 가르쳤다. 가난하고 못난 자들의 편을 들었고 죄인으로 낙인찍힌

'나쁜 친구들'과 스스럼없이 어울렸다. 예수는 하나님 나라를 선포하는 전도자이자 병자를 치유하는 치유자·협력자·조언자이기도 하였다. 그는 율법이 아닌 '하나님의 뜻'을 최고의 규범으로 내세웠다(마 26:42; 눅 22:42). 큉은 예수가 가르친 하나님의 뜻을 오늘의 말로 번역하면 '인간의 복지'라고 말한다. 하나님의 뜻을 "돕자는·치유하자는·해방하자는 뜻, 구원의 의지"로 이해하기 때문이다. 그렇다면 어찌하여 예수는 십자가의 '포악한 최후'를 맞이하였는가? 큉은 예수의 죽음은 우연한 결과가 아니라, 그의 선포와 처신에서 비롯된 당연한 '논리적 귀결'이라고 본다. 당시 유대의 성직자들은 예수를 이단설교자·거짓 예언자·신성모독자·종교적 혹세무민자로 여겼기에 그를 가만둘 수 없었다는 것이다.

물론 큉의 역사적 예수 이해는 다소 논란의 여지가 있다. 가령 그는 복음서의 진술을 액면 그대로 받아들여 예수의 죽음을 지나치게 탈정치화시킨다. 그렇다 보니 예수가 투석 처형을 당하지 않고 왜 로마의 정치범으로 십자가 처형을 당해야 했는지 모호하다. 큉은 예수의 모든 언행이 끊임없는 '스캔들'이 되었다고 옳게 파악한다. 이는 십자가에 달린 그리스도가 유대인에게 걸림돌('스칸달론', 고전 1:23)이라 말한 바울의 생각을 수용하여 예수의 공생애 전체에 적용시킨 것이다. 그럼 예수가 어땠기에 사람들의 걸림돌이 되었단 말인가? 큉의 말을 들어보자. 예수는 "법과 질서의 수호자들에게는 반체제 위험 인물임이 드러났고 능동적 폭력혁명가들에게는 비폭력 평화애호자"로 보였다. "수동적 은둔 고행자들에게는 무(無)금기 세속 자유인으로서 실망을 안겨 주었으며 세상에 적응하던 경건자들에게는 너무 비타협적인 사람으로 보였다."(205쪽) 예수는 사방의 세력에 거침없이 도전하였으나 그만큼 많은 적대자의 공격도 받아야 했다. 큉의 이런 분석은 지나친 도식화이지만 그렇다고 크게 틀린 것은 아니다. 문제는 그가 유독 로마제국과의 관계에서는 '걸림돌 예수'를 제대로 적용하지 않는다는 사실에 있다. 교회에 '길들여진 예수'를 경계한다더니, 웬일인지 로마제국에 몹시 불편한 존재였던 예수를 상당히 순화시켜 버린다.

하지만 큉은 익숙한 교리 내용을 되풀이하거나 억지를 부리진 않는다. 비판적 관점을 유지하면서도 진실에 접근하려는 진지한 노력을 기울인다. 대부분의 그리스도론 서적들은 오늘의 시대 지평을 간과한 채 마치 암호 같은 전통신학의 복잡한 이론에 매달린다. 하지만 이와 달리 큉은 시대의 도전에 적극 응수하여 그리스도교 신앙의 참뜻을 밝힌다. 그는 오늘의 교회를 있는 그대로 정직하고 성실하게 비판한다. 교회를 비판한다고 해서 그가 '파괴적인 교회 비평가'는 아니다. 큉의 주장을 잘 살펴보면 오히려 그는 철저히 교회를 위한 신학자임을 알 수 있다. 스스로도 책의 말미에서 이렇게 고백을 한다.

> 나는 그리스도인인데도 교회에 머무는 것이 아니다. 나는 내가 교회보다 더 그리스도교적이라고 여기지 않는다. 나는 그리스도인이기에 교회에 머문다(308쪽).

큉은 현재까지 가톨릭교회에서 몹시 부당한 대우를 받고 있다. 그럼에도 그는 어떻게 이런 신앙고백을 할 수 있었을까? 무엇보다 예수를 사랑하기에, 교회를 예수의 교회답게 쇄신하고자 하는 그의 열정과 믿음 때문일 것이다. 큉의 문장은 만연체로 흐르기 쉬운 논문식의 지루한 글이 아니다. 조목조목 잘 설명을 하다가도 단문으로 비약하여 논의하는 요점을 말하거나 문제를 던지곤 한다. 이 독특한 문체는 독자로 하여금 흥미와 긴장을 놓치지 않도록 만든다. 독자들은 이 책을 읽으면서 오늘의 시대에 참된 그리스도인이 된다는 것이 무엇인지, 그리고 교회는 현대의 도전에 직면하여 어떤 합리적 응답을 들려줄 수 있는지, 그리스도교를 그리스도교로 만드는 핵심인 예수는 과연 누구인지에 대한 명쾌한 답변을 얻게 될 것이다.

21세기를 위한 역사적 예수 탐구 서설

로버트 펑크/김준우 옮김,

『예수에게 솔직히』(한국기독교연구소, 2006)

성상(Icon)이 된 예수 살려내기

로버트 펑크(Robert W. Funk, 1926-2005)는 80년대 중반 「예수세미나」를 창립하여 미국의 예수 르네상스를 주도해 온 대표적 인물이다. 그는 이 책 『예수에게 솔직히』에서 10년에 걸친 「예수 세미나」에 대한 개인적 중간결산을 시도한다. '예수에게 솔직히'라는 자못 도발적인 제목은, 로빈슨(J. A. T. Robinson)의 『신에게 솔직히』(1963)에서 빌려 왔을 것이다. 로빈슨은 불과 150쪽 안팎의 작은 책으로 전통적인 초월적 유일신관의 부음(訃音)을 알렸다. 그리고서 틸리히, 본회퍼, 불트만 같은 현대 신학자들의 신관을 알기 쉽게 소개하여 60년대 큰 반향을 낳았다. 전공 신학자나 일부 목회자들 사이에서 나누던 밀담을 대중들에게 과감히 공개함으로써 충격을 던져 준 것이다. 펑크도 이와 비슷한 시도를 한다. 다만 그는 신(神)이 아니라 예수를 다루고 있다는 점에서 차이가 난다. 그런대로 명망 높은 원로학자가 무슨 억하심정이 있다고 기독교 교조인 예수를 문제 삼는 것일까? 그의 말을 직접 들어보자.

> 35년 동안을 강의실에서 수많은 동료들과 함께 보냈으면서도, 학생들이나 목사 지망생들에게, 그리고 미국인들의 마음속에, 영원히 남을 것을 준 것이 별로 없다는 생각을 하면 눈물이 날 지경이다. 우리 시대는 학문이 발전하였음에도 불구하고, 또한 연구와 출판 분야에 획기적인 발전을 가져왔음에도 불구하고, 종교적 문맹률이 매우 높은 시대이다(24쪽).

펑크는 오늘의 성서학이 교회와 사회에서 고립된 채 파산지경에 이른 현실을 개탄한다. 그리하여 동료 학자들과 더불어 웨스타르 연구소(The Westar Institute)를 설립하고 종교적 문맹 퇴치를 위한 야심찬 기획을 하기 시작했다. 「예수 세미나」는 바로 그 첫 번째 프로젝트였다. 소속 학자들은 공동작업의 결과물로, 『5 복음서: 예수의 진정한 말씀을 찾아서』와 『예수의 행적: 예수의 진정한 행적을 찾아서』를 이미 세상에 내놓았다. 그리고 이제는 예수의 말씀과 행적을 읽고 해석하는 단계에 있고, 개별적 예수상을 모아 그것이 기독교에 미치는 영향을 연구하는 중이라고 한다. 이 책 『예수에게 솔직히』도 그런 개별 연구 성과의 하나일 것이다. 펑크는 우상 파괴자였던 예수가 부활절 이후부터 우상/성상으로 변질되었다고 본다. 예수는 분명 하나님 나라를 가르쳤는데, 그를 따르던 제자들은 하나님 나라 대신 예수를 숭배하기 시작했다는 것이다. 펑크는 이 신화적 예수상에 속박되어 있는 수백만 이웃들을 해방하기 원한다. 실상이 잘 알려지지 않아 대중들 삶의 모델이 된 통속적 예수를, 역사적 예수를 통해 뒤집어놓겠다는 생각이다.

물론 그는 자신이 발견한 예수상이야말로 절대적이라고 확신할 만큼 어리석지 않다. 역사적 예수 탐구의 목적은, 예수를 포로 상태에서 자유롭게 풀어 주기 위함이라고 밝히는 것을 보면 알 수 있다. 펑크는 '진리는 이동하고 있는 표적'이라고 말한다. 때문에 해방된 예수는 다시 감옥이나 무덤에 갇힐 것이고, 그때가 되면 또다시 처음부터 작업을 해야 한다고 주장한다. 이런 펑크의 인식은, 종교적 진리 탐구를 위한 기본적 규칙에도 그대로 반영되어 있다. 그는 첫 번째와 여섯 번째 규칙에서 이렇게 말한다. "인간의 지식은 유한하고 틀릴 수 있으며, 제한되어 있고, 수정될 필요가 있다." "진리를 찾기 위한 우리의 조사와 탐구에는 유머가 깃들어야 한다. 우리는 스스로를 너무 진지하게 생각해서는 안 된다." 이러한 일곱 가지 규칙과 더불어 탐구를 위한 틀로 아홉 가지 경계석이 제시된다. 이들 경계석 중에 여덟 번째는, 펑크와 「예수세미나」가 추구하는 '역사적 예수 탐구'를 이해하기 위해 눈여겨볼 만하다. "우리 시대에 진정한 진리 탐구의 시금석은 이데올로기적인 것이 아니라 윤리적인 것이다. 중요한 것은 우리가 무엇을 믿는가 하는 것이 아니라, 우리가 무엇을 하는가 하는 문제이다." 추측건대 티모시 존슨(L. T. Johnson)이 「예수 세미나」의 연구가 처음부터 학문적 기여 아닌 문화적 선교를 수행하는 데 목적이 있었다고 지적한 이유가 바로 이런 언급 때문일 것이다.

진정한 예수 탐구의 출발점

펑크는 '예수의 종교'를 '예수에 관한 종교'에서 구분하고자 우선 몇 가지 기초적인 정보를 제공한다. 가령 예수의 연대기를 소개하고 기독교가 어떻게 생겨나게 되었는지를 간단히 말해 준다. 이 설명에 따르면, 예수를 신화적 인물로 가공하여 기독교 신앙을 창시한 장본인은 사도 바울이었다. 바울은 다른 사람들에게 복음을 전해 듣긴 했으나 역사적 예수를 깊이 잘 알지 못했다. 그래서 예수를 헬라적 형태의 죽고 살아나는 신적 구원자와 동일시하면서 신화화했다. 바울의 영향은 얼마 지나지 않아 사도신경 같은 알맹이 없는 신조로 이어졌다. 이는 결국 역사적 예수를 철저히 제거하는 결과를 낳았다. 요컨대 나사렛 예수는 잊히고 니케아 신조 속에 갇힌 예수가 살아남았다는 것이다. 이리하여 펑크는 니케아에서 나사렛으로 거슬러 올라가 예수를 발견해 내는 일을 역사적 예수탐구의 과제로 생각한다. 그가 보기에 나사렛 예수에게 돌아가는 길에는 도처에 장애물이 놓여 있다. 무지 · 예수에 대한 통상적 이미지들 · 복음서 무오류성에 대한 확신 · 획일적 문자주의와 상상력의 결핍 · 자기도취로서의 영성 · 자기중심적 교회와 목회자 · 성서신학의 약점 따위가 그것이다. 이렇게 암담한 현실 상황에서, 펑크는 학자들과 교사들 및 배움과 학문에 그나마 마지막 한 가닥 희망을 걸고 있다. 그는 '진짜 예수'가 아니라, 최대한

'비교적 일관성 있는 예수상'을 재구성해 내려 한다. 학자들이 복원한 어떠한 예수도 진짜 예수(Real Jesus)일 수는 없는 노릇이니 너무 당연한 생각이 아닌가 싶다. 그럼에도 이런 상식은 '이데올로기를 과학처럼 꾸민 것'이라는 의심을 받거나 자주 무시되곤 했다.

펑크의 분석에 따르면, 현재 예수 탐구 연구자들은 '사이비 탐구자들'과 '진정한 탐구자들'로 나뉜다. 이들 두 그룹을 구분하는 세 가지 기준이 나온다. **첫째, 역사적 예수와 복음서들 예수 사이의 구별을 인정하는지 여부. 둘째, 탐구자가 신약성서 외에 어떤 자료들을 이용하는지에 대한 질문. 셋째, 탐구에서 위험에 처하는 것이 있는지, 아니면 없는지 하는 문제.** 이는 얼핏 흑백논리 같지만 상당히 일리 있는 기준으로 보인다. 아무리 역사 비평적 방법을 사용하더라도, 기독교 신조의 근본 요소와 충돌하지 않고 우회하려는 학자들이 허다하기 때문이다. 펑크는 1975년에 이르자, 1·2차 세계대전 이후 줄곧 기승을 부려온 신정통주의는 예전의 상징적 우주관이 몰락하면서 붕괴되고 말았다고 진단한다. 케제만(E. Käsemann)의 문제제기로 시작된 새로운 예수 탐구 시도도 역시 뚜렷한 소득 없이 끝났다. 그리고 이즈음 제3의 탐구로 불리는 역사적 예수 탐구의 길이 열리게 되자 연구자들이 폭발적으로 늘어났다고 한다. 펑크는 이런 현상을 주목하면서, 진정한 탐구를 촉진시키고 그 성공을 뒷받침하는 요인들을 다음과 같이 정리한다.

① 한 시대의 끝—알버트 슈바이처에서 시작된 세기의 3/4이 끝났음.
② 성서학의 새로운 세속적 형태
③ 새로운 교회일치 정신

④ 기독교 시대의 종말

⑤ 비유들의 재발견

⑥ 지혜 전승의 재발견

⑦ 새로운 자료들의 발견–사해 두루마리, 나그함마디 문서, 다른 복음서들

⑧ 정경(政經) 제국주의의 종말

⑨ 상징적 우주관의 붕괴

⑩ 새로운 혹은 수정된 방법론들

성서 비평을 통한 예수의 재구성

신약학자로서 펑크의 진면목은 성서의 번역과 본문, 신약사본, 복음서 구조 등을 다루는 대목에서 잘 드러난다. 그는 전공자 아닌 일반인들도 충분히 이해하기 쉬운 언어로 성서 비평이 실제 어떻게 이루어지는지 풍부한 사례를 곁들어 가며 개관해 준다. 이 과정에서 펑크는 독자의 이해를 돕기 위해 '백부장'을 '로마 장교'로, '데나리온'을 '은전'으로, '서기관'은 '학자들'이라고 번역하는 것이 더 좋을 것이라며 독자의 흥미를 돋우고 있다. 이런 제안은 현재의 신약성서가 결코 완전무결한 상태로 전승된 것이 아니라는 사실에 기초한다. 실제로 신약성서 그리스어 필사본들 가운데 그 의미상 차이가 나는 곳은 어림잡아 7천 군데 이상인 것으로 추정된다고 한다. 또 펑크는 사본 가운데 두 개가 똑같은 것은 없으며 현재의 성서는 무수한 판본들을 합성한 산물임을 알려 준다. 저 유명한 '간음 중에 잡혀 온 여인'

(요 7:53~8:11) 이야기만 하더라도, '고아'처럼 여기저기 떠돌아다니던 단락으로 존재하다가 엉성하게나마 현재의 위치로 끼워졌다고 설명한다. 펑크는 성서의 형성 과정과 현존하는 신약사본들에 대해 언급하면서 비평적 학자들의 관점에서 볼 때 정경의 경계선이 무의미하다고 지적한다. 새로운 신약성서를 채택하기 위해 정경에 대한 논의를 다시 할 필요가 있다는 말도 한다. 그래야 신조의 틀에 가려진 예수의 모습을 제대로 볼 수 있다는 생각 때문이다. 「예수 세미나」의 공동회장인 크로산이 그의 저서에서 베드로복음이나 도마복음을 비중 있게 다루는 것도 비슷한 이유 때문일 것이다.

본래 펑크는 예수의 비유연구에서 두각을 나타낸 학자였다. 그래서 그런지 이 책에서 그는 예수를 삼위일체의 제2격이라기보다는 시인(詩人)으로 생각하고 싶다고 말한다. 일찍이 「예수세미나」는 예수의 진정한 말씀을 가려내기 위해 여러 차례 색깔구슬 투표를 실시하여 큰 화제를 낳은 바 있다. 그들은 이 투표를 통해, 복음서에 예수가 한 말씀으로 나오는 것 중에서 실제로 예수에게 돌릴 수 있는 말씀은 20% 미만일 것이라는 결론을 얻었다. 한데 놀랍게도 예수의 비유들과 경구들은 대부분 살아남았단다. 펑크는 이러한 사실에 착안하여, 예수는 기존에 알려진 사실과는 달리 '비종말적'인 갈릴리의 현자였다고 주장한다. 이유인즉 예수의 비유와 경구들을 자세히 검토해 보면 종말론적인 것들이 아니기 때문이었다. 결국 펑크가 그리는 예수는 역설, 풍자, 은유가 담긴 독창적인 비유와 경구로 인습적 지혜에 도전했던 체제 전복적 현자로 나타난다. 그는 타고난 이야기꾼으로서, **'지금 여기'** 너머에 있는 하나님의 제국적 통치(하나님 나라)를 설파한 방랑하던 지혜의 스승인 것이다. 펑크는 예수가 죽은 뒤 그를 따르던 신앙공동체가 이른바 '메시아 마케팅'을 했다고 주장한다. 예수는 기적을 일으킨 다른 카리스마적 인물들처럼 과대 포장되었고, 그의 비유와 경구들도 처음의 긴장을 상실하고 평범하게 보고 말하는 방식으로 순화되었다. 마침내 예수는 숭배대상이 되어 신적인 지위를 얻기에 이르렀다. 신화적 그리스도가 갈릴리의 현자 예수를 질식시켜 버린 것이다.

다시 나사렛으로 가는 길

펑크의 책 『예수에게 솔직히』는 그 흔한 각주를 거의 찾아볼 수 없다. 당초 전문학술서가 아니라 대중교양서를 펴낼 목적으로 저술한 책이기 때문이다. 무려 500쪽에 달하는 만만치 않은 분량의 책이지만, 지루하지 않고 술술 읽히도록 최대한 평이하게 쓰고자 세심한 배려를 하고 있다. 그러면서도 독자들에게 오늘날 미국 「예수세미나」가 진행하는 역사적 예수탐구의 현주소를 한눈에 알 수 있게 해 준다. 이 책이 가진 최대의 매력은, 일반인이 접근하기 힘든 복잡하고 까다로운 역사적 예수 탐구 논의를 대중광장으로 끌어냈다는 점이 아닐까 싶다. 로빈슨이 『신에게 솔직히』에서 그랬듯, 펑크도 「예수세미나」에서 논의의 초점이 되고 있는 문제들을 잘 간추려 소개한다. 하지만 그가 말하는 방랑하는 체제 전복적 현자 예수상은 크게 새로운 깃은 아니다. 19세기 자유주의 신학자들이 설파해 온 윤리적 교사 예수상을 미국식으로 선물 꾸러미의 포장만 살짝 바꾼 느낌이 들 정도다. 예수의 비유와 경구에 나타나는, 은유와 상징의 독특한 수사학적 특성에 대한 설명

외에 딱히 건질 게 별로 없어 보인다.

그럼에도 펑크의 이 책은 역사적 예수 탐구에 관심하는 사람이라면 꼭 읽어 볼 만하다. 왜냐하면 우리가 역사적 예수 탐구를 통해 과연 무엇을 얻고자 하는지에 대한 진지한 성찰을 하게 만들기 때문이다. 펑크는 자신의 과격한 주장이 가진 취약성을 인정하는 학자다운 겸손을 보여 준다. 그러면서도 역사적 진리 탐구자로서 학문적 입장을 정직하게 드러낸다. 뿐만 아니라 펑크의 책에는 역사적 진리를 발견해 내려는 열정과 활력이 넘친다. 그가 연구하여 재구성해 낸 역사적 예수는 과연 신조의 예수를 넘어설 수 있을까? 어쩌면 이런 질문 자체가 형용모순일 것이다. 왜냐하면 신조의 예수도 긴 세월 그리스도교가 나름의 필요에 따라 조형해 낸 예수이기 때문이다. 그러기에 아무리 역사적 예수를 발견해 낸다고 하더라도 그 예수가 진짜 예수가 되는 것은 처음부터 불가능한 일이다. 이런 점에서 리 호이나키(Lee Hoinacki)의 다음 통찰은 눈여겨볼 만하다.

> '교회' 안에는 순수성에 대한 갈망이라는 그 의미가 모호한 전통이 이어져 왔다. 어떤 사람들은 이 갈망이 모든 이단(異端)의 원천이라고 말한다. 그들은 인간조건은 순수성이 아니라고 지적한다.
> ―인간은 죄인이며, 적어도 약간이나마 구린내를 풍기지 않는 사람은 아무도 없다(리 호이나키, 『正義의 길로 비틀거리며 가다』, 31쪽).

이렇다고 불트만(R. Bultmann)처럼 역사적 예수 탐구를 불필요하고 무의미한 일로 돌리고 싶진 않다. 오히려 펑크와 같은 작업은 꾸준히 계속되어야 한다. 항상 역사적으로 예수는 재발견되어 왔기 때문이고, 그래야 그리스도교가 급변하는 새로운 시대의 도전에도 제대로 응답할 수 있을 테니 말이다. 당연하지만 예수는 신학자들이 전유할 수 있는 그런 대상이 결코 아니다. 화석화된 예수 말고, 그를 새롭게 다시 만나려는 갈망은 신앙을 불문하고 누구라도 생겨날 수 있다. 펑크의 『예수에게 솔직히』는 그러한 오솔길로 안내하는 좋은 지침서다. 그의 책은 잘 정리된 대답이 아니라, 나사렛으로 가는 질문의 방법을 친절하게 일러준다.

'울타리'를 걷어내고 본 성서

바트 어만/강주헌 옮김,
『예수 왜곡의 역사』(청림출판, 2010)

    초기 랍비와 현자들의 금언을 한데 모아 엮은 『선조들의 어록 Pirqe Aboth』이란 책이 있다. 작은 분량이지만 유대교 모든 문헌 중에 으뜸으로 손꼽힌다. 이 책은 흥미롭게도 "토라에 울타리를 쳐라"는 문구로 시작한다. 무슨 울타리를 치라는 것일까? 유대교의 전통 해석에 따르면, 이는 토라라는 정원을 구전 토라인 미쉬나 법전과 같은 울타리를 쳐서 잘 보호해야 한다는 의미다. 토라는 대개 히브리 성서를 가리킨다. 따라서 "토라에 울타리를 쳐라"는 명령은, 성서를 자유롭

게 연구하는 대신 그저 권위 있는 랍비의 해석에 충실히 따르라는 말
로 들린다. 하긴 유대교만 성서에 울타리를 친 게 아니다. 기독교도
긴 세월 성서에 대한 자유로운 접근을 통제하였다. 성서를 보호하고
신도들의 신앙을 지킨다는 명분을 내세웠으나 실상 교황을 중심한
교권을 공고히 하고 더욱 연장하려는 속셈이었다. 다행히 마틴 루터
(M. Luther) · 윌리엄 틴들(W. Tyndale) 같은 종교 개혁자들이 나타나
일부 성직자와 지식인들이 독점하던 라틴어 · 헬라어 성서를 독일어
와 영어로 번역 출간하였다. 이렇게 번역된 성서는 구텐베르크의 인
쇄기 발명에 힘입어 급속히 널리 보급됨으로써 종교개혁의 도화선이
되었다. 이제 대중들은 사제가 해설하는 성서를 단순히 듣는 데 만족
하지 않았다. 직접 읽고 함께 토론하고 심지어 연구하기에 이르렀다.
계몽주의에 접어들자, 학자들은 성서를 신의 계시와 영감으로 기록된
특별한 책이라는 통념에서 벗어나 합리적 이성의 눈으로 조명하기
시작했다. 성서를 비판적으로 연구하는 역사 비평학의 시대가 열린
것이다.

　스피노자(B. Spinoza, 1632~1677)와 리샤르 시몽(R. Simon, 1638~1712)
은 『신학정치론』과 『구약성서 비판사』를 써서 성서 역사 비평학의 선
구가 되었다. 그들 이래 약 3세기가 흐른 지금, 역사비평학은 성서연구
에서 하나의 기본 상식으로 자리 잡았다. 어지간한 신학대학이나 종교
학과를 둔 일반대학이라면 성서학을 강의할 때 역사 비평방법론 사용
을 당연시한다. 서구에서만 그런 게 아니라 국내에서도 역시 마찬가지
다. 아주 보수적인 신학대학이 아니라면 성서를 역사적 산물로 보고
다양한 비평 방법론(본문비평 · 편집비평 · 자료비평 · 양식비평 · 수사
학적 비평 따위)을 적용하여 연구한다. 성서는 무려 천 년이라는 긴

세월 동안 기록되었다. 인류 역사상 성서만큼 널리 읽히고 오랜 세월 연구된 책은 도무지 찾아볼 수 없다. 그렇다면 학자들이 역사 비평학을 사용해 밝혀낸 성서 연구 결과가 교회의 신자나 일반 대중에게는 얼마나 알려져 있을까? 어디를 가나 교회가 즐비하고, 목회자는 신학대학에서 역사비평을 필수로 배웠을 터이니 그리 생경할 리 없을 것 같다. 그러나 실상은 전혀 딴판이다. 한평생 교회에 다닌 사람들조차 성서 역사 비평학이 뭔지 들어본 사람은 거의 드물다. 목회자들이 다함께 약속이라도 한 듯 시치미를 떼고 있기 때문이다.

바트 어만(B. D. Ehrman)의 책 『예수 왜곡의 역사』는 바로 이런 문제의식에서 나왔다. 성서학자인 어만은 그동안 일부 신학자와 목회자들만 비밀스레 알고 있던 학계의 연구 결과를 만천하에 알리고자 이 책을 썼다고 한다. 그는 사본학의 세계적 권위자인 브루스 메츠거(B. M. Metzger)를 잇는 제자이며 초기 기독교 역사가로서 발군의 실력을 인정받는다. 수많은 논문과 20여 권의 저서를 펴낸 중견학자지만 까다로운 전문지식을 쉽고 단아한 글로 풀어내는 베스트셀러 작가로도 유명하다. 혹자는 말한다. "인류 최고의 베스트셀러인 성서만큼 잘못 알려진 책도 없다."고. 물론 과장이 섞였지만 한 번쯤 새겨 볼 만한 지적이다. 가장 큰 오해 가운데 하나는 "성서는 하나님의 영감으로 기록되었으므로 일점일획도 틀림없는 사실"이라는 성서무오류설과 축자영감설이다. 저자 어만은 다른 누구도 아닌 바로 자신이 박사과정을 밟기 전까지 이런 생각에 매달려 있었다고 실토한다. 그는 근본주의 성향의 시카고 무디 성서학교 출신이다. 성경 전문가가 되고자 프리스턴 신학대학에 진학했으나, 성서에는 오류가 없다는 자신의 믿음을 끝까지 고수하려 발버둥쳤던 철저한 복음주의자였다. 이런 생생한 경험이 스며 있기에 『예수 왜곡의 역사』는 삶의 현장과 괴리된 학자의 공리공론 수준을 능가한다. 어만은 왜 성서에 대한 신앙적 접근만으로는 부족한지 밝히고 역사비평으로 드러난 성서 속의 몇 가지 모순을 사례 삼아 친절히 알려 준다. 가령 마가복음에서 예수는 유월절 준비일에 제자들과 음식을 먹고 다음 날 유월절에 숨을 거둔다(막 14:12; 15:37). 반면 요한복음은 예수가 유월절 준비일에 십자가형을 당해 숨졌다(요 19:14)고 전한다. 두 복음서에서 예수의 사망일은 분명 하루 차이가 난다. 어만은 언뜻 사소해 보이는 이런 작은 증거가 사건을 제대로 이해하는 데 아주 중요한 실마리를 제공한다고 말한다. 즉 동일한 사건에 대한 복음서의 엇갈린 보도를 주의 깊게 분석하다 보면 사건의 실체적 진실에 더 가까이 접근할 수 있다는 것이다.

어만은 네 복음서 보도의 작은 차이들을 단서로 저자들의 서로 다른 신학적 관점과 해석을 드러낸다. 마가의 예수는 죽음을 앞두고 절망에 빠진 듯 몹시 두려움에 떨며 근심한다(막 14:33~34; 15:34). 그러나 누가의 예수는 두려움에 떨며 울부짖는 대신 매우 의연한 모습으로 죽음을 맞이한다(눅 22:41~42; 23:46). 공관복음서와 요한복음이 예수를 말하는 방식을 비교해 보아도 확연히 차이가 난다. 공관복음의 예수는 '하나님의 아들'로 불리는 그리스도였으나, 요한의 예수는 '태초부터' 하나님과 함께 있었던 신적인 존재로 그려진다(요 1:1; 8:58; 10:30). 네 복음서의 이러한 차이를 일일이 다 열거하자면 굉장히 많다. 어만은 복음서의 차이를 낱낱이 다 파헤치진 않는다. 네 복음서 저자들이 각자 독특한 신학 성향에 따라 예수를 달리 묘사한다는 사실을 밝히는 선에서 그친다. 그는 복음서의 모순과 차이를 살펴보고 그 의미를 헤아려 보려면 '수평적 독서'를 하라고 제안한다. 네 복음서를 대조한 서적(Synopsis)의 도움을 받아 평행 본문을 꼼꼼히 비교해 가며 읽으라는 것이다. 이런 방식으로 복음서를 읽으면 그동안 잘 보이지 않던 복음서의 차이가 대번 눈에 띄기 마련이다.

히브리 성서(구약)에 비해 신약성서는 실제 저자가 그런대로 알려진 편에 속한다. 하지만 신약성서 각 책에 붙여진 저자 이름과 실제 저자가 모두 정확히 일치하는 것은 아니다. 네 복음서는 마태·마가·누가·요한의 이름으로 불리지만 오늘날 학계에서 그들의 저작설은 크게 의심받는다. 사도 바울과 베드로의 이름을 사칭한 편지로 밝혀진 책들도 있다. 골로새서, 에베소서, 디모데전후서, 디도서, 베드로전후서가 그것이다. 어만은 이런 위작들이 어떤 과정을 거쳐 만들어졌으며 성서에 수록되기에 이르렀는지, 이 책들을 위작으로 보는 근거는 무엇인지 명쾌하게 알려 준다. 그는 역사적 예수가 어떤 사람이었는지에 대해서도 스케치한다. 어만에 따르면, 역사적 예수는 임박한 종말을 외치는 예언자였다. 예수는 예루살렘에 '종말 메시지를 전하러' 갔으며 그가 자신을 유대인의 왕이라 생각한다는 사실을 알아차린 로마인들에게 처형당했다. 어만은 예수가 기적을 행하고 부활했는지 여부는 역사적 증명이 불가능하기 때문에 그것은 신앙의 영역에 속한다고 본다. 그는 에비온파나 마르키온파, 영지주의자들 같은 종파나 도마복음, 테클라행전, 고린도 삼서 같은 경외전들이 어찌하여 초기 기독교에서 배제되었는지 말해 준다. 아울러 신약정경이 결정되는 과정과 초기 기독교의 다양성을 언급하며 오늘의 정통 기독교와 성서가 '지극히 인간적인 과정'을 거쳐 탄생했음을 간략히 밝힌다.

끝으로 어만은 고통받는 메시아사상·기독교의 반유대적 성향·예수의 신성·삼위일체 교리·천국과 지옥 따위가 모두 기독교의 발명

품이라고 한다. 정경의 확립 과정이 그랬듯 '지극히 인간적인' 과정을 거쳐 기독교인들이 나중에 만들어 낸 것이지 본래 있었던 것은 아니라는 이야기다. 가령 예수가 신이라는 생각은 오직 요한복음에만 나오고 삼위일체 교리의 근거를 명시적으로 밝힌 본문은 흠정역 요한일서 5장 7~8절이 유일하다. 요한복음은 복음서 가운데 가장 뒤늦게 기록되었고 요한일서 5장 7~8절은 그리스어 성서 필사본에는 거의 나오지 않는다. 때문에 어만은 예수의 신성과 삼위일체 근거 본문을 기독교가 확립되는 과정에서 누군가 필요에 의해 창작해 낸 것이라 본다. 그는 이 책으로 "기독교를 공격할 생각도 없고, 신앙이 무의미한 것이라고 증명할 생각도 없다."고 누누이 강조한다. 자신은 다만 성서와 초기 기독교의 형성 과정에 대해 관심 있는 사람들에게 최근 학자들의 연구 결과를 소개하려 했을 따름이라 변명한다. 글쎄, 그렇게 볼 수도 있겠다. 하나 이 책은 오늘의 기독교에 대한 어만의 분노와 야유, 복수의 의지가 아무래도 저변에 깔려 있는 것으로 보인다. 그는 성서를 신앙적으로만 접근하는 것보다 역사비평을 거치면 "훨씬 더 지적이고 진중한 믿음을 키워 갈 수 있다."고 말한다. 나도 동의한다.

그런데 정작 어만 자신은 '믿음은 가능한가'를 묻는 에필로그에 이르러 기독교 신앙을 떠나 불가지론자가 되었다고 말한다. 역사비평 때문이 아니라 신정론적 의문을 풀지 못해서란다. 세계는 고통과 폭력으로 가득한데 전지전능하고 사랑으로 가득한 신을 믿는다는 게 어느 날 문득 어리석게 여겨졌다는 것이다. 어만은 이 문제를 다룬 『하나님의 문제 God's problem』라는 책을 따로 썼다. 그 책에서 자세히 밝혔겠지만, 분명 어만의 신정론에 대한 의문은 불쑥 튀어나온 건 아니다. 그의 역사 비평적 성서 연구 결과의 연장선에 있다. 어만은 이렇게 말한다. "성경과 기독교가 인간의 창작품인 건 사실이지만, 그 때문에 기독교 신화에 대한 내 믿음이 깨진 것은 아니다. 그러나 언젠가부터 그 신화들이 더 이상 내게 아무런 의미도 없고, 와 닿지도 않으며, 세상을 읽는 방향을 제시해 주지도 못한다는 생각이 들기 시작했다. 세상에서 고통받는 사람들의 폭력적인 현실을 고려할 때, 기독교의 핵심적인 믿음이 어떤 식으로 보아도, 즉 신화적인 관점에서 보아도 내게 '참'으로 보이지 않는 지경에 이르렀다."(368쪽) 어만의 이야기를 좀 더 들어보자. "학자와 교수는 물론 학생들도 역사비평적 접근법이 믿음과 무관한 것처럼 행동하지 말고, 역사비평적 접근법의 신학적 의미를 더 깊이 파고들어야 한다." "역사비평으로 찾아낸 결과가 옳다면, 어떤 신학적 주장은 부적절하고 틀린 것이라고 평가되어야 마땅하다."(370쪽)

여기서 보듯 어만은 역사비평을 너무 과신한다. 그는 19세기 역사 실증주의를 극복하지 못하고 있다. 역사 비평학은 '실제 무슨 일이 일어났는가?'를 실증적으로 밝혀 낼 수 있으리라는 확신을 갖고 출발했다. 그러나 오늘날 역사 비평학은 심각한 위기에 처해 있다. 역사는 객관적 사실로 입증 가능한 게 아니라 전문가들에 의해 재구성된다는 사실이 갈수록 더 설득력을 얻고 있기 때문이다. 역사적 예수만 하더라도 '발견'보다는 오히려 '발명'되고 있는 현실이다. 그럼에도 어만의 주장처럼 역사비평이 아직은 성서 연구에서 매우 중요하다. 성서 본문이 본래 무엇을 의미했는지 밝히는 작업은 꼭 필요하기 때문이다. 하지만 여기서 머물러서는 안 된다. 피오렌자(E. S. Fiorenza)가 지적했듯 "그게 오늘 내게 무슨 의미가 있는지"를 헤아리는 해석학적인 작업이 반드시 뒤따라야 한다. 이와 관련해 스마트(J. D. Smart)의

『왜 성서가 교회 안에서 침묵을 지키는가?』의 논의가 퍽 유익할 것이다. 스마트도 어만처럼 역사비평학과 교회 현장의 괴리에 문제의식을 느끼고 그 해결 방향을 제시하고자 이 책을 썼다. 그는 "어떤 해석자도 자신의 복잡한 컨텍스트를 벗어날 수 없다."는 사실을 환기시키며 성서에 신중히 접근할 것을 주문한다. 스마트에 따르면, '본문과 해석 사이의 상당한 거리'에서 해석자는 겸손을 배운다. 또 이 간격은 '어떤 해석을 최종 진리'마냥 수용하는 무비판적 태도를 배격하도록 돕는다. 그럼에도 오늘날 적지 않은 성서 해석자들은 이런 기본 원리를 무시하고 자신의 해석을 '최종 진리'나 된 듯 과신하는 우를 범한다. 까닭에 스마트는 역사비평학을 존중하면서도 거기에 반드시 적절한 성서 해석학이 덧붙여져야 한다고 본다.

어만은 개인적인 '독특한 관점'을 제시하는 대신, 지금까지 역사비평학의 연구 결과를 소개하려고 『예수 왜곡의 역사』를 썼다고 서두에 밝혔다. 과연 그럴까? 잘 살펴보면 이 책은 그리 공정하게 쓰이지 않았음이 드러난다. 특히 5장 '역사적 예수', 6장 '성서의 형성 과정', 7장 '기독교인이 만들어 낸 것들'은 학계에서 널리 일치된 의견이라 보기 어려운 내용이 들어 있다. 가령 어만은 예수가 자신을 '인자'라 생각지 않았고 그가 말한 인자는 다른 존재를 가리킨다고 말한다(221쪽). 예수가 언급한 '인자'가 어떤 의미인지는 논란이 많다. 하나 어만의 주장처럼 생각하는 학자는 소수에 불과하다. 종말이 오지 않자 기독교가 천당과 지옥의 교리를 만들어 냈다(355쪽)는 주장도 사실과 다르다. 천당과 지옥 사상의 연원은 기원전 2000년경 수메르의 여신 이난나의 지옥여행 신화까지 거슬러 올라가야 할 정도로 무척 오래되었다. 초기 기독교가 재림 지연으로 현실적 필요에 의해 창작해 낸 게 아니다. 이처럼 『예수 왜곡의 역사』에는 대다수 학자들이 동의하는 연구 결과라기보다는 어만의 '독특한 관점'이 여럿 눈에 띤다. 그래도 역사비평의 눈으로 신약성서를 맛보고자 하려는 이들에게는 꽤 유익한 안내서임에는 틀림없다.

유신론 붕괴 후 기독교 신앙은 가능한가?

존 쉘비 스퐁/최종수 옮김,
『새 시대를 위한 새 기독교』(한국기독교연구소, 2005)

지금 기독교는 코페르니쿠스의 혁명과도 같은 실로 엄청난 전환기를 맞이하고 있다. 코페르니쿠스(N. Copernicus, 1473~1543)가 우주론의 대변혁을 가져왔다면, 오늘의 기독교 신학/신앙은 신관(神觀)의 전면적인 전환을 이루게 될 터이다. 전통적 신앙이 절대적으로 신봉해 오던 '초월적 유신론'이, 마침내 그 한계에 다다라 더 이상 설득력을 잃고서 급속히 붕괴될 조짐을 보이고 있기 때문이다. 중세의 천문학자 코페르니쿠스는 연구 끝에 지구가 우주의 중심이 아니며 태양을 돌고 있다는 놀라운 사실을 발견하였다. 하지만 그것이 미칠 파장이 두려워, 무려 30년을 기다렸다가 임종할 무렵이 되어서야 겨우『천체의 회전에 관하여』라는 저서를 발표했다. 브루노(G. Bruno, 1548년~1600)의 화형, 갈릴레이(G. Galilei, 1564~1642)의 수난에서 알 수 있듯이 과학자들에 의해 명백해진 지동설에 따른 우주론의 변화마저 일반에 보편화되기까지는 상당한 시간이 흘러야 했고 그 진통도 만만치 않았다. 그렇다면 유신론의 붕괴로 인한 신관의 대전환도 어느 정도 비슷한 과정을 겪게 되지 않을까 싶다.

'초월적 유신론이 끝장났다'는 주장은 최근에야 갑자기 튀어나온 것이 아니다. 벌써 20세기 초반에 불트만·본회퍼·틸리히 같은 현대 신학의 거장들이 이러한 의견을 조심스럽게 내놓은 바 있다. 존 로빈슨(J. A. T. Robinson) 같은 교회의 감독은 지금부터 약 40여 년 전에 『신에게 솔직히』라는 책을 써서 앞서 신학자들이 제기한 문제의 심각성을 널리 알려 세계적으로 큰 충격을 안겨 주기도 했다(이 책은 무려 백만 부 이상이나 팔렸다). 그런가 하면 유신론은 대표적으로 니체·다윈·포이에르바하·프로이트 같은 이들에 의해서도 거듭해서 사망선고를 받아 온 이력을 지니고 있기도 하다. 현대 신학자들의 화두처럼 되다시피 한 "아우슈비츠 대학살 이후 신학은 가능한가?"라는 물음 또한 유신론의 사망 징후와 깊이 관련되어 있다. 이제 지성인이라면 유신론적 하나님을 자신의 주님으로 정직하게 고백할 수 없는 지경에 이른 것이다.

한국의 경우에는 이와 같은 문제가 아직 너무 멀게만 느껴질지 모른다. 그러나 기독교 이후의 시대에 돌입한 지 한참 지난 서구 유럽의 상황을 보면, 머지않아 한국교회도 '교회 동창회'에 가입할 사람들

(교회에 다니다가 그만둔 교인들)이 속출할 것임을 어렵지 않게 예측할 수 있다. 한국교회 성장세가 그토록 많은 노력을 쏟아 붓는데도 근래 들어 뚜렷하게 뒷걸음질 치고 있다는 사실은 이것을 잘 말해 준다. 좋든 싫든 초월적 유신론 이후의 시대를 진지하게 준비해야 하는 이유가 여기에 있는 것이다. 그렇다면 도대체 왜 유신론이 문제인지 독일의 여성신학자 도로테 죌레(Dorothee Soelle)의 이야기를 한 번 들어보자.

> 신학의 근본 개념, 즉 전능(全能)의 개념, 나는 이 개념을 갖고서 살아갈 수 없었습니다. 나는 이것을 남자들의 망상(妄想)이라고 생각합니다. ······하나님은 아우슈비츠에서 매우 작은 분이셨고, 이 시대에 아무런 친구도 없었으며, 하나님의 태양, 정의는 빛나지 않았고, 성령은 우리의 이 땅에 거할 장소를 전혀 갖지 못했다고 나는 생각합니다. ······하나님의 개념은 수정되어야 할 필요가 있습니다. 『나는 어떻게 변하였는가』(42~43쪽)

이 책 『새 시대를 위한 새 기독교』의 저자 존 쉘비 스퐁은 『기독교 변하지 않으면 죽는다』를 비롯한 수많은 논쟁적인 저서들을 펴내 치열한 진리탐구 열정을 보여 준 미국의 목회자로 국내에도 이젠 어느 정도 알려진 인물이다. 전통적 신앙의 관점에서 보면, 그의 주장은 너무 과격하고 위험스럽기 때문에 도처에서 반발과 논란을 불러일으키곤 한다. 하지만 한평생 교회를 위해 헌신해 온 저자는, "머리(이해)가 거부하는 것을 결코 가슴(의지)이 예배할 수 없다."는 확신을 가지고 정직한 신앙을 추구해 왔으며 누구보다 교회를 사랑하고 걱정하는 사람이다. 그는 무너져 가는 교회를 새롭게 하고 다시 세우기 위한 어떤 사명감을 가지고 스스로를 매우 성가신 상황으로 내몰았다. 사람들의 온갖 찬사와 비난을 감당하면서 신학논쟁의 초점에 서 있기 위해서는 대단한 용기와 탄탄한 실력이 뒷받침되어야 함은 물론이다. 저자 스퐁은 단지 과격하고 무책임한 강단 신학자가 아니라, 교구를 담당하던 현직 감독이면서 대중과 소통하는 탁월한 능력 때문에 더 많은 논란을 빚었던 것 같다.

스퐁은 『신에게 솔직히』의 저자 존 로빈슨을 자신의 신학에 가장 큰 영향을 끼친 인물로 손꼽고 있다. 그는 로빈슨이 제기한 유신론 종말의 문제를 심각하게 받아들이고, 그 미완의 과제에 대한 해결책을 일생을 두고 꾸준히 모색해 왔던 것으로 보인다. 그러니까 이 책은, 『신에게 솔직히』에 대한 후속판이라고 해도 좋을 것이다. 그만큼 저자는 로빈슨의 문제의식을 충분히 공감하고 이어받으면서 그것을 오늘의 시대 정황에 맞게 더욱 심화하고 확대, 발전시키고 있다. 아마도 어지간한 독자들은, 맨 첫 장에서 나오는 스퐁 감독의 열세 가지 신앙 테제를 읽는 순간부터 곧장 충격과 흥분에 휩싸이게 될 것이다. 그것은 과거 미국의 보수적 기독교인들이 세속화의 물결에 대응하고자 채택한 바 있는 '근본주의 5대 강령', 즉 축자영감 · 동정녀 탄생 · 대속적 죽음 · 육체부활 · 재림 및 천당과 지옥에 대한 확신 등의 내용을 완전히 뒤집는 것일뿐더러 동성애 등 최근에 이슈화된 여러 문제들에 대한 견해까지 포함한 것들이다. 저자 스퐁이 "개혁은 보통 뛰어난 몇몇 엘리트에 의해서 일어나지 않고, 민중들로부터 일어난다."는 역사의 교훈을 간직하고 있다는 것은 다행이라는 생각이 든다. 그의 말마따나 아무리 탁월한 비전을 가지고 있다고 하더라도 민중의 적극적인 호응과 동참이 없으면 그것은 한낱 실없는 공상에 그치고 말 것이기 때문이다.

　본래 학자들이란 그 특유한 비판적 시각을 가지고 온갖 이론적 실험을 하기 주저하지 않으나 그것이 가져올 결과에 대한 무거운 책임에는 별로 관심이 없는 법이다. 이 책이 『새 시대를 위한 새 기독교』라는 제목을 달고 있기에, 나는 처음에 혹시 스퐁 감독이 자신의 참신한 아이디어로 새 기독교를 만들어 내겠다는 과욕을 부리는 것이 아닌지 의심했다. 기껏 '새것'이라고 들고 나오면서 '옛것'을 되풀이하는 경우가 얼마나 많은가? 그런데 그는 '새로운 종교'를 만들어 내려는 의도는 없다면서, 자신이 하려는 것은 단지 기독교 신앙 전통이 미래에 어떻게 진화될 것인지 그 모습을 예측하려는 것임을 미리 밝혀 두고 있다. 이 책에서 스퐁은 "유신론 자체가 본래 자의식의 충격을 다루는 한 방법으로 태어난 것이고 또 인간 자의식의 부산물인 히스테리를 저지할 수 있게 해 주는 도구로 고안된 것"이라는 주장을 일관되게 펼친다. 그는 자의식과 유신론은 출생 때부터 합체된 시암 쌍둥이라고 본다. 그동안 유신론이 말해 온 전지전능한 절대 초월자 인격신을 프로이트가 말한 것처럼 심리적 안전을 위한 유치한 환상쯤으로 환원시켰다는 비판이 가능할 테지만 예리하고 그럴 듯한 분석이라는 생각이 든다.

　현대에 들어 유신론적 하나님은 더 이상 할 일이 없어 급기야 실직자 신세에 처하고 말았다는 사실이 더욱 분명해졌다. 그러나 만일 하나님에 대한 유신론적 정의가 저자의 분석대로 단지 인간의 창작품에 지나지 않는다면, 근래 새롭게 각광받는 범재신론(Panentheism) 같은 신관들도 다 마찬가지가 될 것이라는 문제도 남는다. 이를테면 비유신론적 하나님에 대한 저자의 정의인 '생명의 궁극적 원천'·'사랑의 궁극적 원천'·'존재하는 밑바닥에 있는 실재'라는 것도 더 세월이 흐르면 사람들에게 단지 수사적인 낡은 개념으로 인식될 수 있다. 물론 설득력이 유지되는 한에서 그 신관은 사람들에게 영향력을 발휘할 것이지만. 이와 관련하여 종교학자 암스트롱(K. Armstrong)이 『신의 역사』에서 쓴 다음의 말은 곱씹어 볼 만하다.

> 어떤 공식적인 교리도 신의 본질적인 신비를 제한할 수밖에 없다. 랍비들은 신이 절대적으로 이해 불가능하다고 지적했다. ……신 개념의 진정한 의미는 멋진 논리적 해답을 구하려는 데 있지 않고 신비에 대한 감각과 삶에 대한 경이를 고양시킨다는 사실에 있다(140쪽).

칼뱅의 광기에 맞선 카스텔리오

슈테판 츠바이크/안인희 옮김, 『폭력에 대항한 양심』(자작나무, 1998)
*이 책은 『다른 의견을 가질 권리』라는 제목으로 바오출판사(2009)에서
재출간되었다.

이제 우리 사회도 '똘레랑스'(관용)의 중요성을 점차 깨달아 가는 중
이다. 똘레랑스를 말할 때 그 핵심 요소가 되는 것은 무엇보다 '양심과
사상의 자유'이다. 양심과 사상의 자유는 민주주의 이념에 있어서도
가장 기본적인 것에 속한다. 하지만 분단과 냉전의 광기가 시슬 퍼렇
게 살아 지배하는 이 나라에서 그러한 가치들은 지금껏 제멋대로 무시
되곤 했다. 자신의 사상을 말했다는 이유만으로 간첩·빨갱이·용공좌

경분자가 되어 고문받고 투옥되어야 했던 숱한 사람들이 있지 않은가. 그들의 이야기를 접하면 인간이 인간에게 어찌 이토록 잔인할 수 있는 지에 대해 당장 놀라고 분노가 치밀어 오를지도 모른다. 하지만 폭력 에 맞서다 희생된 자들을 오래도록 기억해 주는 사람은 그다지 많지 않다. 이것이야말로 큰 병폐다. 때문에 파시즘의 망령은 거듭 되살아 나 시대를 비웃으며 설쳐대곤 하는 것이다.

독일의 유명한 전기작가인 츠바이크(S. Zweig, 1881~1942)는 히틀 러의 독재가 확고해지고 세계 전쟁으로 치닫던 당시에 이 책『폭력에 대항한 양심』을 썼다. '미친 운전사'인 줄도 모르고 독재자 히틀러에 열광해 마지않던 동포들을 향해 찬물 한 사발 끼얹으려 함이었을까? 이 책은 일반에 까맣게 잊힌 16세기 최고의 인문주의자이자 양심적 지식인인 카스텔리오(Castellio, 1515~1563)를 부활시켜 우리에게 소개 한다. 츠바이크에 따르면 카스텔리오는 루터와 더불어 대표적인 종교 개혁가로 손꼽히는 칼뱅의 마지막 적수였다. 그럼에도 칼뱅이 위대한 종교개혁가로, 장로교의 아버지로, 사람들에게 한껏 추앙받는 동안, 카스텔리오는 참으로 긴 세월 동안 거의 잊힌 존재나 다름이 없었다. 칼뱅의 폭력과 종교적 광기에 온몸으로 저항한 이 외로운 전사가 뒤 늦게나마 재조명되고 있다는 사실은 퍽 다행스러운 일이다. 저자는 서문에서 말한다. 감히 카스텔리오를 에밀 졸라·볼테르·로크·흄 같은 사람들과 함부로 비교하려 들지 말라고. 카스텔리오가 벌인 싸 움은 칼라 사건에 대한 볼테르의 항변이나 드레퓌스 사건에 대한 졸 라의 항변과는 한마디로 차원이 다르다는 것이다. 그 두 사람이 카스 텔리오가 살던 당시보다 훨씬 개명된 인문주의적 시대에 살았다는 사실 때문이 아니다. 그들이 타인의 운명을 위해 자신의 명성과 안락

만을 걸고 싸웠을 때 카스텔리오는 양심의 자유를 위하여 목숨을 걸고 싸웠다는 것에서 결정적인 차이가 난다는 것이다. 더구나 『이단자에 관하여』와 같은 그의 저서를 통해서 드러난바, '관용'에 대한 카스텔리오의 외침은 유럽에서 거의 선구적인 것에 속했다. 한데도 그는 마치 없었던 존재인 양 부당하게 취급받아 왔다.

칼뱅이 세르베토라는 박식하고 창의적인 신학자를 이단자로 몰아 화형시킨 사실은 이 책을 읽기 전에 알고 있었다. 그가 제네바 시를 장악하고 성서정치(Bibliokratie)를 펴면서 많은 무리를 낳았다는 것도 대충은 알고 있던 바다. 그러나 칼뱅이 얼마나 잔인하고도 비열한 인물인지에 대한 진면목은 제대로 알지 못했다. 이제 보니, 그는 가톨릭과의 싸움을 빌미로 제네바 시 전체를 오로지 자신의 의지만이 관철되는 파시즘적 광기로 채웠던 사람이었다. 그의 신정 통치 처음 5년 동안에 13명이 교수대에 매달리고, 10명이 목 잘렸으며, 35명이 화형당하고, 76명이 추방당했다고 한다. 오죽하면 감방마다 죄수로 가득 차서 간수장이 시(市) 당국에 단 한 명의 죄수도 더 받을 수 없다고 통보할 정도였다. 이것만 봐도 종교개혁을 내세운 그의 공포정치가 얼마나 극에 달했는지 능히 짐작할 수 있다. 저자가 보기에 칼뱅은 광신적 주지주의자였다. 오로지 가르치려고만 했지 도저히 남에게 배울 수는 없었다. 자신과 조금이라도 의견을 달리하는 사람이 나타나면 기필코 제거해야 속이 시원했던 지독한 독선에 사로잡힌 사람이다.

칼뱅의 본모습을 알지 못했던 카스텔리오도 처음엔 멋모르고 그의 문하에 들어가 일했다. 그러나 칼뱅의 독재와 그의 측근들의 위선이 시(市) 전체를 망치고 있는 사실을 발견하고 까놓고 문제 제기하다가 결국 제네바에서 쫓겨나고 만다. 쫓겨난 카스텔리오의 삶은 비참했다. 칼뱅보다 훨씬 위대한 학자가 칼뱅의 입김으로 일정한 직업도 얻지 못한 채 구걸을 해야 할 정도가 되었다. 바젤의 오포린 출판사에서 교정을 보는 일로 겨우 입에 풀칠을 해야 했다. 카스텔리오가 추방된 이유는 너무나 사소한 문제 때문이다. 그가 성서를 라틴어와 프랑스어로 번역하면서 일부 용어 사용에 있어 칼뱅의 생각과 차이가 있고 아가서를 방탕한 연애의 기록으로 보았다는 사실이 화근이었다. 칼뱅은 이러한 자잘한 트집을 잡아 카스텔리오를 제네바 시의 목사로 임명하기를 거부했고 끝내는 시에서 몰아내기까지 한 것이다. 이 같은 사실은 칼뱅이 자신과 견주기에 부족함이 전혀 없는 학자 카스텔리오를 질투했다는 의혹을 불러일으킬 만하다.

추방된 카스텔리오와 칼뱅과의 싸움이 절정에 달한 것은 세르베토가 삼위일체 교리를 부정했다고 칼뱅에 의해 이단자로 화형에 처해진 다음부터다. 칼뱅은 정치적 반대자들에 의해 한참 수세에 몰려 있던 터라 세르베토를 본보기로 처형하여 그 모든 반대자들을 잠재웠다. 중세 가톨릭이 행했던 무시무시한 종교재판과 다를 바 없는 개신교 최초의 종교적 살인을 저지른 것이다. 세르베토는 처참히 죽어 가면서도 "예수, 영원한 하나님의 아들이시여, 저를 불쌍히 여기소서!" 하고 외쳤다. 이것을 보면 그는 신실한 기독교인으로 죽었음이 분명하다. 그럼에도 그는 삼위일체 교리에 어긋난 주장(『삼위 일체론의 오류』)과 칼뱅의 『기독교 강요』를 비판한 책(『기독교의 재건』)을 썼다고 하여 공개적인 신학적 토론 한번 제대로 해 보지도 못한 채 비극적인 생을 마감해야 했다.

이에 카스텔리오는 침묵을 깨고 <이단자에 관하여> <칼뱅의 글에 반대함>과 같은 글을 써서 목숨을 걸고 맞서고자 하였다. 만일 이

글들이 당시 세상에 널리 알려졌다면 어찌되었을까? 칼뱅은 자신의
국가권력으로 월권을 행사하여 살인죄를 저지른 사실이 백일하에 드
러나 치명타를 입었을 것이라고 저자는 말한다. 그만큼 빈틈없이 치
밀한 내용으로 칼뱅의 잘못을 낱낱이 공박하고 있기 때문이다. 세르
베토 사건을 말하는 카스텔리오의 명쾌한 문장 한 대목을 읽어보자.

> 한 인간을 죽이는 것은 절대로 교리를 옹호하는 것이 아니다. 그것
> 은 그냥 한 인간을 죽이는 것을 뜻할 뿐이다. 제네바 사람들이 세
> 르베토를 죽였을 때, 그들은 교리를 지킨 것이 아니라 한 인간을
> 희생시킨 것이다. 인간이 다른 사람을 불태워서 자기 신앙을 고백
> 할 수는 없다. 단지 신앙을 위해 불에 타 죽음으로써 자기 신앙을
> 고백하는 것이다(214쪽).

안타깝게도 카스텔리오의 이런 빛나는 명구(名句)에도 그의 글은
칼뱅에게 별로 큰 위협이 되지 못했다. 칼뱅의 명령에 따른 검열로
카스텔리오의 글들이 인쇄조차 될 수 없었기 때문이다. 도리어 나중
엔 카스텔리오가 이단자들과 어울렸다고 하여 화형에 처해질 뻔했던
일이 벌어진다. 다행히 카스텔리오는 쇠약해진 몸 때문에 격렬한 위
경련을 일으켜 급작스럽게 세상을 떠났다. 그 바람에 끔찍한 화형만
은 모면할 수 있었다. 이 책은 단순히 종교적 폭력과 광기만을 말하
지 않는다. 그보다는 어떤 단일한 이데올로기에 의해 구성되고 조작,
지배되는 사회가 얼마나 끔찍한 파시즘을 낳게 되는지를 잘 보여 준
다. 그런 소용돌이 속에서 인간 본유의 양심과 자유는 철저히 유린당
하고 만다. 저자는 결말에 이르러 다음과 같은 말로 오늘을 사는 우
리에게 엄중히 경고한다.

인류는 언제나 진보를 위해서 싸워야 하며, 극히 당연한 것도 새로이 의심받는다. 우리가 자유를 습관으로 여기고 더 이상 신성한 소유물로 여기지 않는 순간에 충동세계의 어둠 속에서 신비한 의지가 자라 나와 그것을 유린하려고 드는 것이다. 인류는 너무 오래 너무 근심 없이 자유를 누리고 나면, 언제나 힘의 도취에 대한 위험한 호기심, 전쟁에 대한 범죄적인 열망에 사로잡히게 된다(271쪽).

II. 신앙의 아름다움을 위하여

'조선산(朝鮮産) 기독교'를 위한 주옥같은 신앙단상

노평구 엮음,
『김교신전집 2 - 신앙론』(부키, 2001)

여기저기 예수를 신앙한다는 교회들은 너무도 많지만 알짜배기 예수꾼 하나 만나보기 어려운 시절이다. 겉모양만 그럴싸한 쭉정이가 아무리 많다고 한들 거기서 기대할 수 있는 게 무어 있을까. 거친 바람 한번 훅 하고 불고 나면 금세 다 날아가고 말 텐데 말이다. 무릇 오롯이 산 씨앗이라야 거기서 생명이 움트고 풍성한 소출도 얻을 수 있는 법이다. 한국 개신교 선교 120여 년 역사에서, 이렇게 좋은 씨앗이 된 이가 비록 드물긴 하지만 더러 있었다. 그렇지만 좋은 씨앗이라 해 봐야 누군가의 손에 의해 옥토에 뿌려지지 않는다면 끝내 아무 소용이 없고 만다. 감춰진 보배 같은 인물들을 부지런히 발굴하고 그 정신을 오늘에 이으려는 노력이 그래서 소중하다.

진실한 그리스도인이었으나, 기성 교회들이 '무교회주의자'로 낙인찍은 이래 지금껏 제대로 평가받지 못하는 인물이 하나 있다. 그는 엄혹한 일제강점기에 ≪성서조선≫이라는 잡지를 만들다가 갖은 탄압과 옥고까지 치른 바 있는 김교신(1901~1945)이다. 당시 교계는 김교신의 무교회 운동을 섣부른 교리적 잣대로 재단하고 이단시했다. 그런 탓에 김교신은 여태까지 일반에 널리 알려지지 않은 상태다. 이는 한국 기독교의 바람직한 내일을 생각할 때 커다란 손실이 아닐 수 없다. 한데 거의 잊힐 뻔했던 선생의 저작이 읽기 쉽게 복간되어 나와 무척 반가웠다.

김교신은 일본 유학 시절 동경거리를 거닐다 한 전도자가 예수의 산상설교를 전하는 것을 듣고 크게 감화받아 회심하였다. 그리고는 스스로 어느 성결교회에 찾아가 세례를 받고 신앙에 열심을 다하였다. 하지만 교회 내분으로 순박한 학자풍의 목사를 축출하는 사건이 일어나자 이에 크게 실망하고 한때 교회를 떠나 신앙적 방황을 하였다. 그렇다고 그가 복음에 대한 믿음까지 저버린 것은 아니었다. 김교신은 신앙서적을 읽던 중 일본의 대표적 기독교 사상가인 우찌무라 간조(內村鑑三)를 알게 되어 그의 문하에서 약 7년간 성서강의를 들었다. 당시 우찌무라 간조에게 성서를 배우던 조선 유학생은 모두 여섯(김교신, 함석헌, 송두용, 정상훈, 유석동, 양인성)이었다. 이들은 귀국한 뒤 조선에 성서를 주어 민족의 영혼을 구원하자는 취지에서 ≪성서조선≫이라는 동인지를 창간하였다. 그러나 세월이 흐르면서 차츰 모두 떨어져 나가고 나중엔 김교신 혼자 주필로 활동하면서 편집과 발행까지 모두 책임지게 된다.

　고등학교 평교사로 재직하던 사람이 무려 15년 동안이나 매달 꼬박
꼬박 ≪성서조선≫을 펴낸다는 것은 여간 힘든 일이 아니었을 것이다.
더구나 정기 구독자는 불과 백여 명을 넘지 못했고, 교계에서는 온갖
냉대와 배척을 받았으며, 일제로부터는 철저한 감시와 검열을 받아야
했던 심히 열악한 상황이었다. ≪성서조선≫은 일제로부터 10여 회에
달하는 '삭제'와 '불허가' 판정을 거듭 받았다. 한때 휴간 통지를 받기
도 했다. 1942년 3월 1일자에는 혹한을 이기고 살아난 개구리를 빗대,
민족의 강인한 생명력을 노래한 조와(弔蛙)라는 권두언이 문제가 되어
마침내 강제로 폐간되기에 이르렀다. 이때 일제는 ≪성서조선≫ 사건
을 조작하여 김교신, 함석헌, 유달영을 비롯한 연루자 18명을 검거하
여 만 1년간 형무소에 가두었다. 석방된 뒤, 김교신은 강제 징용 형식
으로 흥남질소비료공장에 들어가 일하면서 노무자들을 위한 복지와
계몽에 힘쓰다가 발진티푸스에 감염되어 "이 불쌍한 민족을 추수할
때가 되었으나 일꾼이 없다."는 말을 남기고 운명하였다.
　『김교신 전집 2 – 신앙론』은 대개 ≪성서조선≫의 권두문으로 쓰인
것을 하나님 · 기독교 · 성서 · 신앙 · 그리스도 · 사랑 · 부활 · 교회 따위
주제들로 적절히 분류하여 편집한 책이다. 이 권두문은 총독부의 검열
에서 특히 문제가 많이 되었던 글들로 저자의 뜨거운 애국적 신앙관이
잘 묻어난다. 냉혹한 검열을 받으면서 심혈을 기울여 쓴 글이어서 그
런지 문장마다 팽팽한 긴장감도 느낄 수 있다. 지금은 쓰이지 않는 한
자어 말투들만 고쳐 쓴다면(책 말미에 용어풀이가 되어 있긴 하다) 오
늘날 읽어도 전혀 손색이 없을 만한 명문에다 하나같이 뛰어난 신앙단
상들이다. 김교신 신앙관의 면면을 가만 살펴보노라면 어느 교파나 교
회의 제도적 권위에 구애됨 없이 순수한 기독교 복음 정신 그 자체에

머물고 있음을 금방 알 수 있을 것이다.

김교신은 '입신의 동기'라는 글에서 자신이 기독교로 회심한 개인
적 동기를 숨김없이 밝히고 있어 흥미롭다. 그가 기독교로 개종하게
된 것은 뜻밖에도 무슨 거창한 구국의 정신 때문이 아니었다. 사후의
내세 천당 보장에 혹해서도 아니었다. 그보다는 유교의 도덕적 교훈대
로 현세에서 완전에 이르기까지 자신을 수양하려다, 도무지 불가능함
을 보고 낙망해서였다. 그의 최대 관심사는 현재의 육체와 심정을 가
지고 현생에서 하루라도 어떻게 하면 완전에 달성할까 하는 것이었다.
노력하면 노력할수록 덕과 학문이 부족함을 통감하고 이러다가는 60
은 고사하고 80에도 희망이 없다고 낙심하던 차에 기독교 복음을 만났
던 것이다. 그는 유교의 도덕률보다 훨씬 깊고 높은 기독교의 교훈을
깨달았다고 한다. 요컨대 도덕적 수양에 권태를 느끼고 파산당한 상태
에서 지쳐 있다가, 예수 안에서 참길을 발견하고는 그를 따라가기 시
작하였던 것이다.

김교신은 우찌무라 간조의 제자로 널리 알려진 터라 소위 '무교회
주의'라는 꼬리표가 늘 따라붙는다. 하지만 김교신의 평소 신앙 소신
에 따르면 그는 예수와 성서에 충실하고자 했을 따름이지 무슨 종파
를 하나 세우려는 심사에서 무교회주의를 신봉한 자가 결코 아니었
다. 때문에 기성교회와 대립각을 세우고 무교회론을 열렬히 변론하는
것을 결코 자기 존재의 사명으로 알지 않았다. 김교신은 교회 만능을
주창하는 자, 교회 밖에 구원이 없다고 단언하는 자, 즉 '교회주의자'
에게 대하여 '교회 밖에도 구원이 있다'고 프로테스트한 것이 우찌무
라식 무교회주의의 핵심이라고 했다. 이에 대한 김교신의 진정성은
그가 어설픈 무교회주의를 표방하면서 술과 담배 · 유흥에 놀아나던

자들이나, 무교회주의 자체를 무슨 항구불변의 신조처럼 신봉하면서 기성교회와 싸움하던 자들을 누차 질책하는 데서 얼마든지 확인할 수 있다. 더욱이 그는 기성교회의 부흥사경회를 인도하기도 했다. 김교신의 이야기를 직접 들어보자.

> 우리가 10년에 걸쳐 우찌무라 선생에게 배운 것은 무교회주의가 아니요, '성경'이었다. '복음'이었다. 설령 우찌무라 선생의 내심에는 무교회주의란 것을 건설하며 고취하려는 심산이 있었다 할지라도 내가 배운 것은 무교회주의가 아니요, '성서의 진리'였다. 그러므로 무교회주의에 관한 왈가왈부의 변론을 당할 때는 우리는 대개 유구무언하니 이는 우리가 전공한 부문이 아닌데 저편에서는 훨씬 열정적으로 파고들어 연구한 문제인 듯이 보이는 까닭이다(249쪽).

이 책에는 ≪성서조선≫의 독자인 소록도 나병환자 한 사람이 김교신에게 보낸 감동적인 장문의 편지 하나가 실려 있다. 그 편지 내용에는 사랑의 화신으로 널리 알려진 손양원 목사가 전도사 시절 ≪성서조선≫지를 가지고 일주일간 사경회를 인도한 적이 있다는 이야기가 나온다. 이처럼 김교신은 당시 교계에서 손양원 목사뿐만 아니라, 이승훈 장로, 김우현 목사, 이용도 목사 등과 친밀한 교분을 나누고 있었다. "육(肉)이 부패한 것도 원통하다 할진대 영혼까지 썩어 못쓰게 되면 얼마나 불쌍한 자가 되겠습니까?"라고 묻는, 한 나병환자의 절절한 편지를 받고서 끝없는 참회의 눈물을 적셨다는 선생의 고결한 신앙에 숙연해지지 않을 사람이 있을까? 성서·예수·조선에 온몸을 다 바친 신앙의 강직한 선배를 만날 수 있다는 것은 분명 우리에게 큰 행운이다. 김교신 선생이 희망했던 "조선 김치 냄새나는 기독교"는 얼마나 더 기다려야 하나?

타인과 공감하는 삶의 기쁨

아베 피에르/백선희 옮김,
『단순한 기쁨』(마음산책, 2001)

　오래전 한 선배에게서 피에르 신부(Abbe Pierre) 관련 소설을 처음 소개받았다. 그는 자신이 노동목회에 뛰어든 동기 중 하나가 어느 노동사제를 주인공으로 하는 소설 『성인지옥에 가다』에서 받은 자극에 있다고 하였다. 당시 선배의 말을 쉽게 납득할 수 없었다. "아니, 무슨 소설책 한 권 읽고 힘든 노동목회를 결심할 수 있단 말인가? 그것도 40대가 다 되어서? 게다가 '성인 지옥' 어쩌고 하는 제목이 풍기는 고리타분함이란……." 그때 내 생각이 이랬다. 세월이 흐르는 사이, 선배는 뜻밖의 교통사고로 돌아가셨고 겨우 제목만 주워들은 소설책에 대한 기억은 아득해졌다. '북 헌터'라 불릴 정도는 아니나 근처에 헌책방이 있으면 참새 방앗간 들르듯 종종 들러 둘러보곤 한다. 서울에서 자취할 무렵이다. 집 근처에 헌책방이 있기에 어떤 책이 있나 구경 삼아 잠시 들렀다. 널브러진 책 더미를 살피다 『성인 지옥에 가다』가 눈에 꽂혔다. 대체 어떤 내용이기에 선배를 매료시킨 걸까? 문득 궁금해, 순전히 호기심에 이끌려 그 책을 사 읽었다. 기대 이상이었다. "어쩌면 이렇게 빈민운동·노동목회의 길을 생생하게 소설화할 수 있었을까?" 경탄이 절로 나왔다. 아무리 제목이 중요하다지만 그것만 보고 내용까지 성급히 예단하진 말아야겠다. 하지만 이것은 현실이 아닌 소설일 뿐이었다. 그 당시만 하더라도 소설의 주인공으로 나오는 피에르 신부가 실존인물이라는 사실을 전혀 알지 못했던 것이다.

롤랑 바르트(Roland Barthes, 1915~1980)의 『신화론』을 읽고서야 피에르 신부가 실제 생존한 사실을 알았다. 그 책에는 '피에르 신부에 관한 초상학'이라는 에세이가 실려 있다. 바르트는 여기서 프랑스 사람들에게 한껏 추앙받는 인물인 피에르 신부에 대한 신화비평을 가한다. 피에르의 '아름답고 감동적인 초상'이 별 의문 없이 무분별하게 소비되는 현실을 꼬집은 것이다. 하나 그뿐이었다. 피에르 신부가 어떤 사람인지 더 이상은 알 수 없었다. 꽤 먼 길을 돌아 최근에 와서야 그가 손수 쓴 이 책 『단순한 기쁨』을 발견해 읽었다. 그리고 거기서 몇 가지 피에르의 개인사를 알게 되었다. 그는 이미 90세가 다 된 노인이라는 것, 유복한 가정에서 태어났지만 유산을 포기하고 수도사가 되어 오랫동안 수도원 생활을 했다는 것, 또 한때는 레지스탕스 운동에 가입해 활발히 활동했고, 집 없는 빈민들을 구호하기 위해 사제의 신분으로 국회의원이 되기도 했으며, 가난한 사람들을 돕는 세계적인 운동인 엠마우스(Emmaus) 운동을 창시하였다는 따위가 그것이다. 게다가 피에르 신부는 매년 실시하는 가장 좋아하는 프랑스인에 8년 동안 무려 일곱 차례나 1위를 할 정도로 프랑스인들의 존경과 사랑을 한 몸에 받는 유명 인사였다.

하지만 이런 거창한 이력보다 피에르 신부가 이 책에서 우리에게 건네는 말이 무엇인지가 더 중요할 것이다. 그가 이 책을 쓰게 된 건 자살충동을 가진 어느 청년의 편지를 받고 나서였다. 청년은 호소했다. "저는 자살하려는 생각에 사로잡혀 있습니다. 제게는 아무런 영적 지식도 없습니다. 제가 이 충동에 굴복하기 전에 신부님께서 저를 좀 만나주셨으면 합니다. 그저 신부님께서 느끼시는 삶의 기쁨을 말씀해 주시면 좋겠습니다."(21쪽) 피에르 신부는 삶의 이유, 곧 희망의 이유를 묻는 이 도전적인 편지에 몹시 당황하였다. 그리고 여러 날 고심하며 자기 인생에서 가장 기뻤던 순간들을 떠올려 보았다. 그리하여 무엇이 우리에게 진정한 기쁨과 행복을 주고 있는지 체험담을 엮어 들려준다. 피에르는 서두에서 어느 누구든 '상처 입은 독수리'라 규정한다. 광대한 지평과 무한한 공간을 갈구하는 존재인 동시에, 마치 상처 입은 독수리처럼 진정한 비상을 할 수 없도록 구속받는 존재 말이다.

피에르는 이 '상처 입은 독수리들'에게 삶의 부조리에 좌절하여 낙담하거나 홀로 만족하는 삶을 살아선 안 된다고 조용히 설득한다. 그는 "명철한 시각으로 삶을 바라보면 신비와 부조리 사이에서 양자택일할 도리밖에 없다."고 본다. 그리고 이 두 길에서 부조리는 절망으로 인도하지만 하나님에 대한 믿음에 터한 신비는 희망의 원천이라

한다. 사르트르는 '타인은 지옥이다'는 유명한 말을 남겼다. 이는 나는 자유로운 주체로 살기 원하지만 타인의 시선에 의해 구속되고 만다는 취지에서 한 말이었다. 다른 사람 앞에서 느끼는 수치심이 좋은 예이다. 혼자 있을 때는 무슨 짓을 해도 수치심과 별 상관없을 것이다. 하지만 누군가 지켜본다고 할 때는 상황이 크게 다르다. 아마 사르트르는 이런 타인의 부담스런 시선에서 지옥을 보았던 것 같다. 반면 피에르 신부는 "타인과 단절된 자기 자신이야말로 지옥"이고 "천국은 타인과 무한한 공감이 이루어지는 곳"이라 말한다. 하여 타인의 기쁨과 아픔에 공감하는 길만이 영원한 기쁨을 준다는 단순한 진리를 설파한다. 피에르는 테레사 수녀와 잘 알고 있고 그를 참으로 좋아하나 받아들일 수 없는 게 하나 있다고 한다. 테레사는 병원에서 끔찍이도 고통받는 불행한 이들에게 "당신은 그리스도의 대속과 고통을 이렇듯 함께할 수 있으니 운이 좋으십니다."라고 말하곤 했다는데 그래선 안 된다는 거다. 피에르는 이처럼 고통과 불행을 겪는 사람에게 충고를 하거나 멋들어진 설교를 하는 것은 '끔찍한 일'이라고 본다. 타인의 고통 앞에서 침묵하고 함께 있어 주는 두 가지 태도만이 바르다고 확신한다. 그는 곤경에 처한 이들에게 무슨 충고를 하려는 대신 다만 애정 어린 몸짓으로 조용히 기도함으로써 진정한 위로와 소망을 줄 수 있음을 알려 준다.

　많은 경우 유명한 사람들에게는 어느 정도 거품이 있게 마련이다. 전통에 충실하려는 피에르 신부의 다소 보수주의적인 신학 입장에 동의할 수 없다. 적지 않은 경우 빈민구호활동은 동정적이고 시혜적인 차원에 머물게 된다. 근본 문제를 해결하기보다는 되레 기성질서를 보완하고 체제를 옹호하는 데 기여할 위험이 있다. 그렇다고 피에르 신부가 해 온 수많은 인도주의적 활동들과 그의 경험에서 우러나온 삶의 지혜가 쉽게 폄하될 수는 없다. 피에르 신부는 죽음에 임박하여, 지난날 자신이 경험하고 깨달은 단순한 진리들을 마치 귀한 보석을 건네듯 우리에게 전하기 때문이다. 그는 추상적이고 복잡한 이론가보다 오히려 삶의 현실에 직접 뛰어드는 실천가의 길을 더 좋아했다. 그는 이 책에서 단순한 기쁨을 얻기 위해 어떻게 살아야 하는지 인생의 좌표를 제시한다.

복음의 본질은 예수 그리스도다

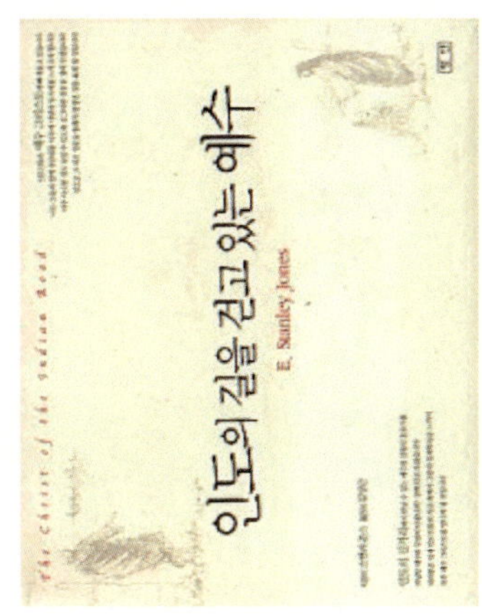

스텐리 존스/김상근 옮김,
『인도의 길을 걷고 있는 예수』(평단문화사, 2005)

가까운 지인(知人) 중에 둘이나 인도 선교사로 나가 있다. 그들에게서 이따금씩 선교편지를 받곤 한다. 그동안 멀게만 느껴지던 인도가 어느덧 내 삶의 일상에 깊숙이 침투하고 있는 것이다. 인도 선교사로 나간 선배는, 십 년이 넘도록 노숙자와 외국인 노동자 선교를 해 온 사람이다. 고생한 끝에 개척한 교회와 선교센터가 지역에서 제법 자리를 잡아 가고 있던 무렵 그는 돌연 인도선교를 결행했다. 무엇 때문이었을까? 그의 속내가 궁금했다. 얼마 전 정식으로 선교사 파송을 받기 위해 국내에 잠시 들른 그 선배와 하룻밤 같이 지내며 긴 이야기를 나누었다. 그의 얘긴즉 여섯 달 동안 인도 단기선교를 하면서 카스트 제도가 엄존하여 극심한 차별을 받는 불가촉천민들이 아직 수두룩함을 보고서 충격받은 것이 인도 선교사로 나갈 결심을 굳힌 직접적인 계기가 되었단다.

국내에서 해 왔던 것처럼 예수정신으로 바닥사람들을 부지런히 섬기다 보면 뭔가 희망의 씨앗을 심을 수 있지 않겠느냐는 이야기였다. 나는 그에게 인도라는 나라를 잘은 모르지만, 제국주의 시대부터 서구의 내로라하는 선교사들이 들어가 선교를 펼쳤던 곳임을 상기시켰다. 그랬음에도 지금의 상태라면 또 한 사람 간다고 뭐가 얼마나 달라지겠느냐는 이야기도 했다. 그리고는 진정 그들을 변화시키고자 한다면, 유구한 인도 종교들을 먼저 깊이 이해하는 것이 중요할 것 같다고 말했다. 또한 이를 위해『바가바드기타』같은 힌두교 경전들을 읽어 볼 것을 권하였다.

다시 인도로 돌아간 지 얼마 안 있어, 선배는 다음과 같은 내용의 짤막한 선교편지 한 장을 보내왔다.

> "마하트마 간디와 타고르, 크리슈나무르티와 선다 싱 등과 대화하며 인도의 독립을 도왔기에 '간디 평화상'을 수상한 선교사 '스탠리 존스'의 글을 읽다가 ……너무 공감이 되기에 인도에 관심 있는 분에게 소개합니다. <인도의 길을 걷고 있는 예수>"

예수가 인도의 길을 걸으면서 인도의 지성과 종교를 만나며 무슨 이야기를 나눌지 생각하니 퍽 흥미로웠다. 간디나 타고르 같은 사람들에게 인정받고 '간디 평화상'까지 수상한 선교사라면 기존 선교사들과는 전하는 내용에서 뭔가 상당히 다를 것도 같았다. 구입해 책날

개를 살펴보니, 영국에서 이 책이 처음 출간된 해가 1926년이란다. 1930년에는 『인도 도상(途上)의 그리스도』라는 제목으로 한국에도 이미 번역 출간된 바 있었다. 그럼에도 재출간될 만큼 생명력을 유지하고 있다는 사실이 놀라웠다. 그도 그럴 것이 저자 스탠리 존스(1884~1972)는 한평생 인도 선교에 헌신한 선교사이며, 한때 ≪타임≫지와 ≪크리스천 센추리≫지가 '세계에서 가장 위대한 선교사', '현존하는 가장 탁월한 인도문제 전문가'로 평가한 걸출한 인물이었다. 미국 민권운동 지도자였던 마틴 루터 킹 목사도 스탠리 존스의 『마하트마 간디 전기』를 읽고 비폭력 운동의 기본정신을 배웠다고 한다.

아무리 그래도 그렇지, 80년이 다 된 책이 21세기 선교를 위해 대체 무슨 빛을 던져 줄 수 있다는 말인가 하는 의문을 가질 수 있을 것이다. 나 역시 약간의 이런 의구심을 가지고 책을 읽어 나갔다. 그러나 이 책은 놀라움 자체였다. 비록 새로 출간하면서 읽기 쉽게 소제목도 달고, 언급되는 인물소개와 사진 등을 친절히 곁들였다고는 하지만, 오늘의 선교 고민과 크게 다르지 않다 할 만큼 내용이 매우 참신했다. 첫 장부터 저자는 선교사가 진짜로 지켜야 할 가장 중요한 핵심이 무엇인지 정곡을 찌르면서 출발한다. 그는 처음 인도 선교사로 들어가서 절대로 양보할 수 없다고 철통같이 굳게 믿어 왔던 세 가지인 성서·서구문명·보편적 교회를 어떻게 '그리스도' 하나로 단순화했는지 말해 준다. 그는 인도인들에게 창세기부터 요한계시록에 이르기까지 연결시키는 긴 내용을 가르치는 것보다는 복음의 핵심인 예수를 소개하는 것이야말로 최우선 과제임을 깊이 깨달았던 것이다. 존스는 이 점을 책에서 줄곧 강조한다.

사실 저자 스탠리 존스가 가서 본 인도는 아주 오랜 전통을 지닌 종교와 철학이 뿌리깊이 자리 잡고 있던 나라였다. 인도인들은 종교 성이 풍부하여 궁극적 실재인 하나님을 진지하고도 열심히 갈구하고 있었다. 이런 인도에 기독교를 새로운 종교인 것처럼 포장하여 열심히 선전해 봐야 별 감흥을 주지 못했다. 더구나 인도는 영국의 식민지였고 백인들의 유색인종 차별이 극심했던 때였다. 이에 간디를 중심으로 한창 독립운동을 펼치고 있었다. 사정이 이러니 서양에서 들어온 종교인 기독교는 대중의 깊은 불신을 받을 수밖에 없는 처지였다. 현실을 직시한 존스가 기독교와 복음의 핵심을 예수 그리스도로 보고 그리스도 중심의 선교를 펼친 것은 어쩌면 너무 당연했다. 한데 당시 많은 선교사들은 이러한 간단한 진리에 도달하지 못했다. 도리어 쓸데없는 우월의식과 물리력을 앞세운 선교로 많은 역효과를 초래했다.

존스는 의식적으로 '기독교'라는 용어를 사용하지 않았다. 대신 그리스도는 반드시 '인도의 방식으로' 소개되어야 한다는 원칙을 가지고 곳곳에 순회강연을 다녔다. 그는 힌두교도나 무슬림, 브라만 계급 등 누구를 만나더라도 오로지 예수를 소개했다. 각종 집회에서 종교 간의 진지한 대화와 토론을 벌였고, 기회가 주어질 때마다 예수만이 인간이 도달해야 할 최고의 인격임을 가르쳤다. "우리 종교에는 없는데, 당신네 종교에만 있는 것이 과연 무엇이란 말입니까?"라는 질문을 받았을 때도, 그는 주저 없이 "당신들에게는 예수 그리스도가 없습니다."라고 답했다. 이런 존스의 생각은 인도의 성자 선다 싱(1889~1929)이나, 한스 큉(1928~) 같은 신학자의 생각과도 그대로 일치한다. 선다 싱은 "당신이 기독교로 개종한 후 새롭게 찾은 것이 무엇입니까? 그 전 종교에 없는 무엇이 있던가요?"라는 질문을 받았을 때, "예수 그리스도이십니다.”라고 짧게 답했다고 한다. 한스 큉의 경우엔, 그의 저서『왜 그리스도인인가』에서 세계종교와 마주쳐 있는 이 종교다원의 현실 속에서 새삼 강조해야 할 기독교의 특유한 점은 예수 그리스도 자신이라고 누차 밝히고 있다.

스탠리 존스는 간디의 시민불복종 운동을 곁에서 도우면서 간디에게 결코 실패할 수 없는 예수 그리스도의 십자가 사상을 가르쳐 주었다고 한다. 그러나 이것을 회고하는 것보다 더 중요한 문제가 남아 있다. 이 문제는 간디가 그리스도인들에게 도전한 것과도 궤를 같이 한다. 인도의 상징인 간디는, “무릇 그리스도인이라는 자들은 ‘예수 그리스도’처럼 살아가야 하며, 품위 없이 행동하지 말고 세상과 타협하지 말 것이며, 예수께서 가르쳤듯 사랑을 실천하면서 비기독교 종교와 문화를 좀 더 열린 마음으로 공부하라.”고 주문했다. 그런데 문제는 대부분의 그리스도인들은 예수를 자기 삶의 가장 결정적인 척도로 보고 있다고 곧잘 말하면서도, 예수를 제멋대로 채색하여 받아들이면서 자신들의 이기적 삶을 교묘히 정당화하고 있다는 데 있다. 때로 예수는 최고경영자(CEO)로 둔갑하기도 하며, 기독교라는 종교를 창시한 교주였다가, 방랑하는 현자 혹은 사회 혁명가가 되기도 한다. 이러니 저자가 복음의 핵심이라며 자명한 듯 말하는 예수도 자칫하면 공허한 구호가 될지도 모른다. 그렇다면 어떤 예수를 우리 인생의 가장 결정적인 척도로 삼을 것인지 그리스도인 스스로 명확히 해두어야 하지 않을까?

최고의 이야기꾼 예수에게
배우는 삶의 윤리

하비 콕스/오강남 옮김,
『예수 하버드에 오다』(문예출판사, 2004)

하비 콕스(Harvey Cox, 1929년~)는 하버드 대학 못지않게 명성이 높은 현대신학의 총아다. 그는 『세속의 도시』라는 화제작으로 60년대에 이미 일약 세계적인 신학자로 급부상한 바 있다. 21세기 종교와 성령운동을 분석한 『영성, 음악, 여성/원제 Fire from Heaven』의 출간과 더불어 1996년 내한한 바 있어 국내서도 그다지 낯선 편은 아니다. 콕스는 지난 40여 년간 하버드에서 역사·사회신학 교수로 일해 왔다. 한데 80년대 초반에 대학 당국으로부터 이색적인 제안을 받았다.

신학대학이 아닌 일반학과 학부생들을 대상으로 예수와 윤리를 다루는 과목을 하나 맡아 강의해 달라는 요청이었다.

하버드는 그동안 연구중심 대학으로서 수많은 전문가를 길러냈다. 그러나 대학 당국은 학생들에게 올바른 가치관을 심어 주는 데는 크게 미흡했음을 반성하였다. 하여 모든 학부생에게 이미 여럿 개설된 '윤리적 사유' 관련 과목 하나를 졸업 때까지 필수로 이수하게 하였다. 이에 따라 하비 콕스도 "예수와 윤리적 삶"이라는 강의를 맡게 되었다. 그다지 큰 기대를 하지 않고 시작한 강의였다. 한데 놀랍게도 콕스의 예수 강의는 그때부터 약 20여 년 동안 매년 수강생이 7~8백 명씩이나 될 정도로 선풍적인 인기를 누렸다고 한다. 하버드는 본래 목회자를 양성하는 신학대학에서 출발한 대학이었다. 하지만 어느덧 세속주의의 보루가 된 지 오래였다. 그런데 예수는 콕스의 멋들어진 강의로 다시금 복권된 것이다.

콕스는 하버드를 세속사회의 상징적 축소판으로 이해한다. 그는 강의를 진행하는 동안, 철저히 세속화된 현대사회를 살아가는 사람들에게도 예수가 가르친 윤리가 여전히 상당한 호소력이 있음을 발견하였다. 그리하여 자신의 강의에 대한 종합 보고서 형태로 이 책을 썼다. 콕스의 강의에는 기독교 이외에도 힌두교·불교·유대교·이슬람교 등 다양한 종교적 배경을 가진 학생들이 다수 참석했다. 그들은 인종적으로나 사회경제적 계층으로도 매우 다양했다. 그런데 20대 초반의 여러 종교 문화적 배경을 가진 학생들에게 예수의 윤리는 고루한 것이 아니라 놀랍게도 아주 매혹적이었다. 어떻게 이게 가능했을까?

이 책에서 콕스가 의도하는 바는, 1세기 갈릴리의 랍비였던 예수가 21세기를 사는 현대인에게 어떤 윤리적 의미를 지닐 수 있는가를 밝히는 것이다. 그러니까 한마디로 '현대적 예수탐색' 혹은 '현대인들을 위한 기독론'이라고 할 만하다. 콕스는 서두에서 최근 북미에서 활발히 전개되고 있는 역사적 예수연구의 경향에 대해 날선 비판을 가한다. 진짜 예수(real jesus)를 밝혀내겠다고 야심차게 시작된 역사적 예수 탐구가 역사적 인물로 예수를 '발굴'했을지는 모르나 그를 '방치'했다는 지적이다. 그는 지금의 역사적 예수 탐구가 인간게놈 프로젝트의 종교판이라고 말할 수 있을 만큼이나 '과학적' 연구에 지나치게 매달린 나머지 훨씬 중요한 것을 놓치고 있다고 본다.

예수에 관한 기록은 기본적으로 전승된 '이야기'(narrative)다. 때문에 예수는 역사적 증거도 희박한 상태에서 과학으로 밝혀질 수 있을 법한 사람이 아니라는 것이 콕스의 시각이다. 그렇다고 그가 역사적 연구 자체를 완전히 부정하고 있는 것은 아니다. 예수에 대한 역사적 연구도 필요하겠지만, 우리가 지금 당면하고 있는 윤리적 딜레마에 대해 예수와 우리의 간극을 잇기 위한 상상력이 더욱 중요하다는 말이다. 이 책에서 콕스는 예수를 율법을 가르치고 이야기하며 이를 실생활에 적용하려 애쓴 유대인 랍비 전통에 서 있는 분으로 본다. 그가 말하는 예수는 랍비들이 흔히 그랬듯이 복잡한 이론적인 문제에 관심을 둔 사람이 아니었다. 어려운 질문을 받더라도 쉬운 답을 주는 대신에 되묻거나 한 번 들으면 결코 잊을 수 없는 이야기를 들려주어 상대방의 윤리적 사고를 심화시키는 데 큰 도움을 준 사람이다. 콕스가 이렇게 예수를 유대 랍비로 보는 것은, 예수를 단지 그리스도교의 정형화된 틀 안에 갇힌 인물로 묶어두지 않고 현대인들을 위한 훌륭한 윤리적 모본으로 삼기 위해서가 아닌가 싶다. 이야기를 잃어버린 시대, 아니 이야기의 홍수시대에 살면서도 영적 허기에 허덕이는 현대인들에게, 콕스는 인간실존의 결정적 차원을 말해 주는 최고의 이야기꾼 예수를 소개하고 있는 것이다.

이 책은 복음서에 기록된 예수의 삶을 탄생부터 부활까지 천천히 더듬어 나가는 형식을 취한다. 하지만 예수가 가르친 윤리의 핵심이 무엇인지를 손에 잡히듯 '논증'해 주진 않는다. 강의 내용을 일목요연하게 정리해 주지 않기 때문에 마치 강의 과정에 어떤 에피소드가 있었는지를 말하는 책처럼 보이기도 한다. 물론 여기에는 저자의 중요한 의도가 깔려 있다. 콕스는 강의 자체를 혼자서 명쾌하고 논리 정연하게 정리해 주는 방법을 쓰지 않는다. 그보다는 되도록이면 학생들과 더불어 예수가 가르친 윤리적 사유가 무엇인지 철저한 토론을 벌여 같이 깨우치는 방식을 사용하고 있다. 그는 예수가 최후의 만찬 석상에서 자신의 제자들에게 친구가 되어 달라고 부탁했던(요 15:15) 대목에서 "윤리적 삶을 사는 것은 단독 비행이 아님"을 힘주어 강조한다. 예수 같은 분마저도 제자들을 '친구'로 삼고 그들의 의견을 묻기도 하고 대화하였다. 여기서 드러나듯 윤리적 삶은 똑똑한 사람 혼자서 해답을 내놓고 결단하고 해결해야 할 문제가 아니라 공동으로 풀어야 할 과제이다.

콕스는 "일간신문의 칼럼에 기고하는 도덕과 예절의 전문가들"처럼 확실한 개인적 충고를 주는 것을 거부한다. 윤리적 삶에는 상상력과 창의력이 필요하지 손에 잡히는 정답이 따로 있는 것이 아니라는 생각 때문이다. 이러한 콕스의 생각은 예수의 비유를 언급하는 대목에서 잘 드러난다. 그가 보기에 예수가 들려준 대부분의 비유는 마치 선(禪)의 이야기처럼 청중으로 하여금 어리둥절함, 난처함, 혼란함을 안겨다 주는 것을 그 주된 특징으로 한다. 따라서 콕스는 예수의 비유를 '이해해 버리고 마는 것'보다 비유로 충격받고 다시 생각해서 사물을 바라보는 시선 바꾸기를 더욱 중요하게 여긴다. 그는 이렇게 말한다.

> 나는 학생들의 불만에도 불구하고 거기에 굴해 설명하거나 해명하거나 분명히 하는 것을 거부했다. 학생들은 우리 모두와 마찬가지로 살아 있는 동안 계속 자라나는 과정에 있었다. 자라난다고 하는 것은 불만족스럽고 불완전한 결말들을 가지고 산다고 하는 것, 생명이 중간에서 단절되거나 예기치 않던 방향으로 치닫거나, 화염에 휩싸이는 사람들과 더불어 산다고 하는 것을 의미한다. 우리들의 삶이 아무리 평범한 것이라 하더라도 우리가 그 마지막 신비의 문턱에 이를 때 우리의 삶은 모두 일종의 물음표로 끝나게 된다.

이 책은 21세기의 현대인들이 직면한 다양한 윤리적 주제(인공수정 · 인종차별 · 비폭력 · 사회 불평등과 정의 · 고문 · 신정론적 문제 등)를 예수의 생애와 더불어 생각해 보도록 무리 없이 이끌어 준다. 그러면서도 대답을 주기보다는 우리가 가진 상상력을 한껏 발휘하여 남겨진 많은 빈칸을 고투하며 메워 가라고 주문한다. 저자 하비 콕스는 20세기 독일의 순교자인 디히트리히 본회퍼에게 지대한 영향을 받았다. 그의 『세속의 도시』도 그렇지만, 이 책도 본회퍼가 제안한 '복음의 비종교적 해석'의 연장선상에 놓여 있다. 언뜻 콕스는 19세기 자유주의 신학자들처럼 예수를 단지 훌륭한 윤리 교사쯤으로 의미 축소한 것같이 보인다. 그러나 사실은 갈수록 신앙인과 비신앙인의 차이가 모호해지는 이 시대에 예수의 의미를 그리스도교의 울타리를 넘어 훨씬 더 풍부하고 설득력 있게 살려낸다.

서구 종교학자가 말하는 붓다의 삶과 가르침

카렌 암스트롱/정영목 옮김,
『스스로 깨어난 자 붓다』(푸른숲, 2003)

근래 서구에서는 불교를 비롯한 동양 종교에 대한 연구가 부쩍 활발하다. 이 책 『스스로 깨어난 자 붓다』도 그 연장선에 있다고 보면 될 것이다. 서구 종교학자가 쓴 붓다의 전기라고 해서 그냥 가볍게 무시할 일이 아니다. 유구한 서구사상과 불교의 핵심적 가르침이 만나 매우 유익한 창조적 대화를 나누고 있으니 말이다. 저자 암스트롱은 이 무거운 과제를 수행할 만한 충분한 자질과 감각을 두루 갖춘 종교학자다. 그는 젊은 시절에 7년간 가톨릭교회 수녀로 생활하다 한계를 깨닫고 환속했다. 이후 풍부한 학식과 예리한 통찰력으로 기독교·이슬람·유대교를 넘나드는 뛰어난 저작을 연달아 내면서 대중에 깊숙이 다가서고 있다. 그는 기독교에서 출발했지만 어느 종교든 치우침 없이 다리를 놓아 호평을 받고 있다.

암스트롱은 이 책에서도 역시 그다지 냉소나 과장 없이 아주 성실하고 진지한 자세로 붓다의 생애를 살핀다. 역사적 예수가 그렇듯, 역사적 붓다 또한 방대한 경전의 전승이 있는데도 전설과 신화에 가려 있어 복원이 거의 불가능한 실정이다. 현존하는 가장 오래된 팔리어 필사본마저 불과 500년 정도밖에 되지 않았다고 한다. 게다가 불자 대부분이 역사적 붓다를 별로 중요하게 생각지도 않는다. 왜 그럴까? 불교에서 붓다는 깨달음을 위한 하나의 원형일 따름이다. 까닭에 육신을 입은 붓다의 역사성 여부를 따지는 것보다 각자 성불하는 일을 훨씬 더 긴요하게 생각한다. 불교는 붓다의 색신(色身-역사적 실존 인물)보다는 법신(法身-진리의 구현체로서의 붓다)에 더 무게를 두고 있는 것이다.

그러나 암스트롱은 역사상 가장 영향력 있는 인물 가운데 한 사람인 붓다의 삶과 가르침을 꼼꼼하게 살펴보는 것은 중요한 의미가 있다고 말한다. 오늘 우리 인간이 처한 삶의 조건과 갈망에 대해 그에게 많은 것을 배울 수 있으리라 기대하기 때문이다. 또한 완전한 자기포기를 실행한 붓다에게서, 개인 이기주의가 만연한 사회에서 살아가는 현대인들이 진정한 인간이 되는 새로운 통찰을 얻을 수 있다는 것이다. 암스트롱은 고타마의 구도와 깨달음을 그가 축의 시대(대략 기원전 800년부터 200년 사이)를 살았던 인물이었다는 것으로 설명한다. '축의 시대'에 이르자 사람들은 커다란 불안과 혼란·신을 기리는 희생제의의 한계·잔인한 세계 가운데서 느끼는 완전한 무력감을 폭넓게 인식하기 시작하였다. 암스트롱은 바로 이것이 그 시대를 살던 위대한 현자들로 하여금 가장 높은 목표와 절대적 실재를 구하게 만들었다고 말한다. 고타마는 이런 현자 중 하나였다. 그는 자신이 목도한 인간 고통의 현실을 벗어나기 위해 신에게 의존하지 않고 스스로 직접 해결책을 찾아 나섰다. 처음에 고타마는 요가로 무의 경지에 이른 알라라 칼라마를 스승으로 삼고 기존의 여러 방법들로 깨달음을 얻기 위해 최선을 다했다. 그 결과 상당한 능력을 발휘하기도 했으나, '고양된 자아'를 찾는 것이 오히려 자기중심주의를 강화한다는 근본적 결함을 발견한다.

그 뒤부터 스승을 따르지 않고 스스로 깨달음에 이르는 길을 개척해 나갔다. 6년간 구도 끝에 마침내 그는 "아주 먼 시대에 인간들이 다니던 길, 아주 오래된 길, 고대의 길"인 완전한 깨달음의 길을 자기 내부에서 발견했다. 닙바나(니르바나, 열반—고통으로부터 해방과 깨달음을 가져오는 자아 소멸)에 이른 것이다. 그때부터 그는 완전한 내적 고요·마음의 평정·감정 없는 차분함을 항상 유지할 수 있게 되었다. 붓다는 이후, 자신의 깨달음을 사성제, 팔정도로 정리하여 가까운 사람들을 시작으로 전도하기 시작하였다. 모여든 이들로 상가(승가, 불교 교단)도 만들었다. 아울러 평생토록 자신의 제자들이 아라한트(최고의 깨달음을 이룩한 자, 닙바나를 얻은 자)에 이르도록 도왔다. 붓다는 깨달음에 이르기까지 거짓의 토대들을 모두 부정하고 치열하게 수행하였다. 이런 붓다의 생애는 주어진 현실에 그대로 순응하여 살아가는 많은 이들을 일깨운다. 괴로움의 사슬을 벗어나기 위한 치열한 사투를 벌이라고, 해방의 길은 있다고 끊임없이 자극하고 있는 것이다. 그는 자신의 마지막 여행에 동행한 빅쿠(비구니, 탁발 수도자)의 무리들을 향하여 이렇게 말한다.

"모든 개별적인 것들은 지나갑니다. 부지런히 자신의 해방을 구하십시오."

그런데 붓다가 말한 닙바나는 아직 베일에 가려 있다. 붓다 자신이 닙바나를 정의하려 하지 않았기 때문이다. 닙바나는 직접 체험해야 하는 것이지 말로 설명할 수 없다는 것이 불교의 근본 가르침이다. 다만 이 닙바나는 존재의 핵심에서 발견되며 자아를 넘어선 어떠한 이기심도 없는 행복한 상태로 알려져 있다. 보통 사람은 아집에 사로잡혀 시야가 제한되어 있기에 그것을 상상할 수 없다고 한다. 가령 아난다는 붓다를 처음부터 끝까지 따라다니며 시중들던 제자다. 그는 불교에 대해 모르는 것이 없을 정도로 박식했다. 하지만 붓다 생전에 깨달음을 얻지는 못했다. 불교 전통에서는 붓다와 같이 닙바나를 완전히 깨달은 인간이 25명 있었다고 전한다. 그들은 윤회의 사슬을 벗어나 파리닙바나(반열반, 깨달은 사람이 죽으면서 성취하는 최후의 안식)에 들었을 것이다. 그러나 유구한 인류 역사 속에서 깨달은 자가 이토록 적었다는 것은 쉽게 납득하기 힘들다. 완전한 깨달음에 이른 붓다가, 여성 제자들을 받아들이는 문제에서 망설이며 불편한 심기를 노출한 것도 이해하기 어려운 면이 있다. 암스트롱은 붓다에 대해 아주 호의적이다. 하지만 역시 여성학자라서 그런지 이 부분은 얼렁뚱땅 넘길 수 없는 어려움이 있다면서 이렇게 말한다.

붓다는 깨달음을 불가능하게 만들어 버리는 욕정과 여자를 떼어서
생각할 수 없었을 것이다. 붓다는 구도를 위해 집을 나설 때, 일부
구도자들과는 달리 부인을 데려간다는 생각은 해 본 적이 없었다.
그는 부인이 해방의 동반자가 될 수 없다고 생각했다(237쪽).

붓다는 여성 수도자를, 남성에 비해 차별함이 분명한 팔경법을 통
해서나마 자신의 제자로 받아들였다. 이는 당시로선 가히 혁명적인
조치라고 평가할 만하다. 때문에 그의 집안 모든 여자들도 평신도 제
자가 되었다고 한다. 붓다는 다만 옛 부인에 대해서만큼은 거리를 두
었다는데 그것은 무슨 까닭인지 모르겠다. 이 밖에도 붓다의 생애 가
운데 몇 가지 더 이해하기 어려운 점이 있다. 삭카인들이 붓다에게
경의를 표하려 하지 않았을 때 그들에게 놀라운 잇디(神力 — 공중부양,
불과 물을 뿜어냄, 하늘에 난 보석이 깔린 길을 걸음)를 보여 준 것,
깨달음을 얻은 후 제자들에게 자신을 친구라고 부르지 못하게 한 것,
생전의 교단 분열과 말년의 쓸쓸함 등이 그것이다. 하긴 전설적인 요
소가 워낙 많이 뒤엉켜 전해지다 보니 그럴 것이다. 중국의 선승 임
제 의현은 '붓다를 만나면 붓다를 죽이라'고 명했다. 그렇다면 옥석을
가려서 붓다의 진면목을 세심하게 복원시키는 저자의 목소리에 한번
귀 기울여 볼 만하다.

내 신앙의 근본을 뒤흔든 그 말, 민중신학

서남동, 『민중신학의 탐구』(한길사, 1983)

　1990년 신학대에 갓 입학한 나는, 그동안 대입 준비에 찌들고 굶주렸던 독서량을 마음껏 채워 볼 심산으로 학교 도서관을 구석구석 누비고 다녔다. 당시 맨 처음 내 눈을 사로잡은 책들은 한길사에서 '오늘의 사상신서'로 야심차게 기획해 펴낸 백여 권이 넘는 사상서들이었다. 왠지 교양 있는 대학생이라면 이 정도의 책들은 읽어 둬야 한다는 막연한 생각이 들어서였을까? 무모하게도 졸업 때까지는 모조리 읽고 말겠다는 결심을 했던 기억이 새롭다. 그러나 그 가운데 처음으로 뽑아든 책 한 권이 앞으로의 내 인생 방향을 결정지으리라는 예상은 조금도 하지 못했다.

'민중신학'이라는 말을 처음 들었던 것은 고교 시절 애청하던 기독교 방송을 통해서였다. 알다시피 CBS는 권위주의 독재 정권 시절, 정직한 언론으로 민중의 소리를 대변하고자 힘썼다. 그래서였겠지만, 이 방송은 내게 이 땅에 민중교회와 민중신학이 존재한다는 사실을 처음으로 알려 주었다. 그러나 서남동 교수의 『민중신학의 탐구』를 읽기 전까지는 그 실체를 제대로 알 수 없었다. 『민중신학의 탐구』는 어떤 이의 말마따나 '나의 첫 경험'이었던 것이다. 순전히 호기심에 끌려 뽑아든 책을 도서관에 앉아 1부도 채 다 못 읽었을 때 '이거 안 되겠다' 싶었다. 직접 구입하여 줄을 그어 가며 읽어야겠다는 생각이 든 것이다. 호주머니를 털어 책을 구입한 뒤, 처음부터 끝까지 수차례 정독했다. 그러면서 이루 헤아릴 수 없는 커다란 충격을 받았다. 나는 어려서부터 보수적인 교회의 신앙 울타리 안에서 그것이 전부인 줄 알고 자랐다. 그런데 우연치 않게 한국 민중신학의 거장을 책으로 만났고 큰 진통과 혼란을 겪으면서 획기적인 인식의 전환을 할 수 있었다. 이 책은 내 신앙의 근본 뿌리부터 뒤흔들어 놓았다. 또한 성서와 세계를 어떻게 읽고 이해할 것인지, 어떻게 살 것인지에 대한 비상한 결단을 요구했다.

저자 서남동 교수는 '한국 신학의 안테나'라는 별명이 붙을 정도로 최신 서구 신학을 재빠르게 소화해 한국에 소개하는 역할을 해 왔다. 그는 일생에 중요한 저서 두 권을 남겼는데, 『전환시대의 신학』과 『민중신학의 탐구』가 그것이다. 『전환시대의 신학』의 머리말에서 서 교수는 자신의 신학 수업 노정을 간략히 스케치했다. 그 내용에 따르면, 서 교수는 일찍부터 틸리히, 칼 융, 불트만, 본회퍼 등과 같은 서구 신학사상의 총아들에게 매료됐다. 그리고 <세속화 신학>, <신 죽음의 신학>, <희망의 신학>, <과정신학>, <생태학>, <반문화>, <생명 과학>과 같은 새로운 서구 신학, 사상적 조류에 전율하면서 몰두하기 도 했다.

우리 사회에 이제야 생태학과 과정신학(철학)이 중요하게 부각되는 것을 고려한다면 그가 한 시대를 얼마나 앞질러 갔는지를 알 수 있다. 그러나 세계 신학 조류에 해박했던 서남동 신학의 종착지이자 그 자 신의 신학으로 걸러져 나온 결정체는 <민중신학>이었다. 그는 70년 대 초반 안병무 박사와 더불어 한국 민중신학을 처음 제창해 체계화 하고 널리 알리는 데 앞장섰다. 그러다가 아쉽게도 1984년 암으로 일 찍 세상을 떠났다. 하지만 서 교수가 남긴 생생한 민중신학의 학문적 유산은 『민중신학의 탐구』라는 책으로 묶여 민중신학 연구를 위해 오늘날까지 가장 많이 인용되고 애독되는 기념비적인 책이 되었다. 널리 알려진 바와 같이, 민중신학은 한국의 토양에서 자생적으로 자 라난 현장의 신학이다. 태동한 지 30여 년이 지났으나 후학들의 꾸준 한 연구가 아직도 진행 중이다. 더욱이 신자유주의에 의한 빈곤의 세 계화가 가속화되면서 민중신학은 다시금 중요해지고 있다.

『민중신학의 탐구』에서 가장 주목받았던 논문은 '두 이야기의 합 류'이다. 이 글에서 저자는 "한국의 민중신학은 한국의 민중 전통과 성서 및 교회사의 민중 전통의 합류이며 그 합류가 70년대에 이루어 지고 있다는 것, 그리고 민중신학은 이 합류 과정을 해석하는 작업" 이라고 말한다. 이는 서구신학 어디에서도 찾아볼 수 없는 참으로 놀 라운 발상이다. 이어지는 논문들은 그게 단지 선언적 차원에서 나온 허장성세가 아님을 여실히 보여 준다. 서 교수는 한국 민중사에 면면히 전해 오는 민담을 신학화하여 탈(脫)신학·반(反)신학을 전개했다. 까마득한 시절부터 이 땅의 저류에 흐르고 있던 민중의 한 맺힌 소리들을 세상 위로 끌어올려 증언하고 대변한 것이다.

서남동 교수는 민중신학을 전망하면서 "내가 지금까지 추구했던 어떤 신학보다도 한국 교회의 삶에 그 호흡과 음정이 맞는 것이라고 생각한다."고 말했다. 그러나 이 말이 있는 그대로 실현되기까지 민중신학의 갈 길은 아직 멀게만 느껴진다. 이제 나는 서 교수의 책을 이십 대 초반처럼 글로만 읽는 것이 아니라, 그 책이 나를 읽도록 해야 할 시기에 놓여 있다. 『민중신학의 탐구』를 통해 처음 접한 민중신학은 어느덧 내 신학의 중심으로 자리 잡았고, 이에 바탕을 둔 민중교회의 목회자로 살고자 어설픈 몸짓을 하고 있기 때문이다.

해방신학 영성의 고전을 다시 읽다

구스타보 구띠에레즈/김문호 옮김,
『우리의 우물에서 생수를 마시련다』(한국신학연구소, 1986)

페루에 어떠한 힘도 없는 작은 한 사람이 있다. 그는 가난한 사람들과 바리오(스페인어를 일상어로 하는 사람들이 사는 지역)에 살면서 한 권의 책을 썼다. 이 책에서 그는 하나님은 가난한 자에게 복음을, 눈먼 자에게 새 빛을, 포로된 자에게 해방을 주시고자 인간이 되셨다는 기본적인 그리스도교의 진리를 단지 재활용했을 뿐이다. 십년 후, 이 책과 그것으로 촉발된 운동은 지상에서 가장 큰 힘인 미국에 의해 하나의 위험으로 간주되었다. 이 작은 사람 구스타보를 보고 키 큰 로널드 레이건에 관해 생각했을 때, 나는 해방신학이라 불리는 작은 돌멩이 하나 외에 어떠한 무기도 없이 다시 골리앗 앞에 서 있는 다윗을 본다(Henri Nouwen, *Gracias!*, 174~175).

구띠에레즈(G. Gutierrez) 신부는 남미의 처참한 가난·독재·불의를 생생히 경험했다. 그리고 이에 대한 신학적 응답으로 그 유명한『해방신학』(1971)이라는 책을 썼다. 이 책은 기존 서구유럽의 백인 중심 신학에 중요한 파열구를 냈다. 당장 제3세계 해방신학 운동이 들불처럼 번져 흑인신학·여성신학·민중신학·달릿신학 등이 속속 등장했다. 이것이 바로 구띠에레즈가 '해방신학의 아버지'로 불리는 까닭이다. 해방신학은 명성이 자자한 만큼 도처에서 온갖 비판과 반대에 부딪혀야 했다. 그 주요 비판 가운데 하나가 "해방신학은 신학이라는 탈을 쓴 정치 이데올로기에 불과한 것이 아니냐?"는 문제제기다. 이런 비판에는 해방신학이 마르크스주의와 신학을 교묘히 배합시킨 것에 지나지 않으므로 진정한 신학일 수 없다는 뿌리 깊은 편견이 깔려 있었다.

구스타보는 해방신학에 쏟아지는 숱한 비판에 응답하고자 이 책을 썼다고 말한다. 처음 출간된 해가 1984년이었으니 그새 삼십 년 가까운 세월이 흘렀다. 혹자는 "이렇게 해묵은 책에서 무슨 건질 만한 것이 있을까?" 하고 당장 고개를 갸웃거릴 것이다. 이런 사람이 있다면 그는 고전의 가치를 잘 모르는 사람이다. 무릇 고전이란 그 보편타당함으로 세월에 구애됨 없이 생명력이 매우 긴 책을 말하지 않던가. 나는 이 책을 해방신학 영성의 진수를 말해 주는 고전으로 꼽는 데 조금도 주저함이 없다. 그만큼 지금 읽어도 손색이 없고 여전히 신선한 충격으로 다가오는 책이기 때문이다. 사실 구스타보는 그의 책『해방신학』에서 이미 '해방신학의 영성'에 대한 대략적인 윤곽을 잡고 있었다. 그는 거기서 '해방의 영성'은 이웃을 향한 회개, 즉 이웃 안에서 주님께로 나아가는 회개를 중심으로 한다고 말했다. 이 회개는 억압받고 착취당하고 소외된 사람들 안에 현존하시는 그리스도와 똑같이 살고 느끼고 생각하는 것을 뜻한다. 말하자면 가난하고 억압받는 사람들의 해방운동에 투신하는 것이야말로 진정한 회개라는 이야기다. 이런 논의를 '호된 시련의 상황적 경험'에서 검증하고 심화시켜 신학적 성찰을 통해 정리해 낸 책이 바로『우리의 우물에서 생수를 마시련다』이다.

솔직히 이 책을 처음 접했을 때만 하더라도 그 진가를 제대로 알지 못했다. 그땐 서문을 쓴 헨리 나우웬이 어떤 사람인지조차 전혀 모르던 시절이었다. 단지 남미 해방신학이 말하는 영성이라기에 무슨 교양서적쯤으로 알고 성급히 읽어 젖혔을 뿐이었다. 그런데 근래 우연치 않은 계기로 교우들과 천천히 다시 읽으면서 이 책이 지닌 가치가 얼마나 큰지 새삼 실감하지 않을 수 없었다. 전에는 대수롭지 않게 여기고 그냥 보아 넘긴 많은 대목이 예리하게 폐부를 찔러댔다. 가령 헨리 나우웬이 서문에서 밝힌 고백은 상당한 충격으로 다가왔다. 그는 뛰어난 영성가이자 저술가로 비교적 일찍부터 세계적인 명성을 얻었다. 그런 나우웬이 1982년 여름 페루 리마에서 열린 구스타보 강의에 출석하였다. 훗날 그는 이 강의를 들은 것이 남미에서 체류한 6개월 중 가장 중요한 경험 가운데 하나였다고 말했다. 그러면서 다음과 같이 진솔한 고백을 하였다.

> 그 여름 강의 기간에 그 사목 활동가들과 이야기하면서 나는 나 자신의 영성이 얼마나 개인주의적이고 엘리트 의식에 젖어 있었던 것인가를 인식하게 되었다. 많은 측면들에서 영적인 생활에 관한 나의 사고는 '내적인 삶'을 강조하고 그러한 삶을 발전시키기 위한 방법과 기술들을 강조하는 북아메리카의 주변 환경에 의해서 깊이 영향을 받아왔다는 것은 고백하기 어려운 일이었으나 사실이었다. 나는 구스타보가 '가난한 자들의 역사 안으로의 돌입'이라 부르는 것과 맞부딪혔을 때에야 비로소 나는 나의 영성이 어떻게 '영성화'

되었는가를 인식하게 되었다. 내가 알고 있었던 영성이란 사실상 내적인 조화와 정적을 발전시키는 데 필요한 시간과 공간의 사치스러움을 가지고 있는 내성적인 사람들을 위한 영성이었다.

실제로 구스타보는 물질적인 염려(음식, 주거, 건강 등의 필요)로부터 자유를 얻은 소수의 엘리트주의적 영성의 한계를 날카롭게 지적하였다. 엘리트주의적 영성이 소외된 자들과 주변으로 밀려난 자들의 영적 경험, 그들 편에 서 있는 자들의 영적 경험에 의해서 극렬한 도전을 받고 있다고 말했다. 그러나 개인(내면)적 영성주의, 즉 도피의 영성은 여전히 세계 곳곳에서 각광받고 있다. 오늘날 많은 사람들은 극에 달한 자본주의 물질문명 속에 사느라 심한 정신적 공복감에 시달린다. 명상과 기(氣) 수련 등 신(新)영성 운동에 참여하는 사람들이 눈에 띄게 늘고 있는 추세는 이런 사실을 반영한다. 비단 한국만의 독특한 상황이 아니다. 자본주의 본산인 서구유럽의 경우 더욱 광범위하게 번져 가고 있다. 문제는 그들이 추구하는 '영성'이라는 것이 과연 '개인(내면)적 영성주의 혹은 엘리트적 영성주의의 함몰'이라는 구스타보의 비판을 피해 갈 수 있겠느냐는 것이다. 구스타보는 교회사에 면면히 이어 내려오는 영성의 대가들(보나벤투라, 이그나티우스, 프란체스코, 샤를드 푸코, 십자가의 성요한……)에 관해 훤히 잘 알고 있다. 그러나 그는 그들 모델을 단순히 반복하여 서술하는 데서 그치지 않는다. 구스타보는 라틴 아메리카의 가난한 자들이 처한 절박한 상황이라는 시좌에서 전통적 영성과 성서를 체계적으로 검토한다. 아울러 그는 가난한 자들과의 참된 사랑의 연대성을 꾸준히 강조한다. 개인이 아닌 공동체적인 영성을 추구한다는 점에서 전혀 새로운 목소리를 내고 있기도 하다.

　최근 해방신학은 기존의 가난한 자들의 해방이라는 차원을 넘어서서 전 지구적 생태 해방까지 아우르는 데로 나아가고 있다. 지극히 당연하고 바람직한 방향이라고 생각한다. 소수의 부자들에 의해 억압과 착취를 당하는 자들은 다수의 '가난한 사람들'만이 아니라는 사실이 오늘에 와서 더욱 명백해졌다. 우리가 발 딛고 서 있는 땅과 전 지구의 생명체들이 같은 고통 속에서 비명을 질러대고 있기 때문이다. 구스타보가 다시 해방신학의 영성에 관한 책을 쓴다면 아마도 이러한 문제까지 충분히 감안했을 것이라 믿는다. 제발 혼자만의 우물을 따로 파지 말고, 우리네 조상들이 그랬듯 '공동 샘'을 잘 파자. 그 속에서 솟구쳐 뿜어 나오는 삶의 희망과 기쁨, 생태적 대안의 샘물을 모두들 넉넉히 마시고 받아 누리게 말이다.

Ⅲ. 낯익은 기억 새로운 시선

수수께끼 같은 문화의 실체 파헤치기

마빈 해리스/박종렬 옮김,
『문화의 수수께끼』(한길사, 2000)

　살펴보면 각 나라, 민족마다 독특한 문화적 차이와 유사성이 있다. 물론 그 가운데는 오늘날 선뜻 납득하기 힘든 문화 유형들도 적지 않다. 가령 필리핀의 아룽곳 부족은 사회적으로 모욕을 당해 화가 치밀면 적대 부족의 머리를 사냥해 난도질한다. 뉴기니 다니족은 친족이 죽으면 애도의 뜻에서 여자의 손가락을 하나씩 절단한다. 아프리카에서는 여성의 할례가 지금도 널리 행해진다(김용환, 『머리사냥과 문화인류학』. 150, 184~185). 게다가 뉴기니의 포레족과 아마존의 와리족은 1950~1960년대까지 식인(食人)의식을 지속한 것으로 알려졌다. 이처럼 끔찍한 풍습들조차 문화상대론의 시각에 입각해 반드시 존중해야 한다고 주장하기는 힘들 것이다. 그렇다고 미개한 야만적 문화라며 덮어 놓고 비난만 할 수도 없는 노릇이다. 왜 이런 폭력적인 문화가 생겨났으며 그 이면에는 과연 무엇이 있는지 설득력 있는 해명이 꼭 필요하다. 사실 인간의 기이한 여러 문화 현상은 일관된 설명이 거의 불가능한 미스터리로 여겨지기 일쑤였다. 이는 인간의 생활양식을 '풀 수 없는 수수께끼'로 여긴 베네딕트(R. Benedict) 같은 학자들의 영향 탓이다.

마빈 해리스(1927~2001)는 이처럼 그동안 베일에 가려졌던 몇 가지 인류 문화의 '물질적 근거'를 밝히고자 『문화의 수수께끼』를 썼다. 그는 미국 문화인류학의 거장이자 인기 높은 에세이스트다. 까다로운 이론화 작업에만 머물지 않고 대중이 궁금해하는 여러 문화 현상을 짤막한 에세이로 술술 풀어낸다. 해리스는 매우 변덕스러워 보이는 인류 문화의 저변에 깔린 통일된 원리를 밝혀내고자 긴 세월 힘써 왔다. 사실 문화인류학 자체가 인간의 다양한 생활방식을 체계적으로 연구하여 인간을 보다 깊이 이해하고자 시도하는 학문이다. 하지만 해리스의 이론은 주류에서 이단시할 만큼 색채가 사뭇 다르다. 그는 대개의 문화인류학자들이 '사고가 행위에 앞선다'고 보는 문화관념론에 빠져 있다고 본다. 그 결과 문화에 대한 '자의적이고 단편적인 해석'을 양산했다고 비판한다. 그리고 문화인류학이 '문화과학'이 되려면 적어도 경험과 실증에 입각한 이론을 전개해야 한다고 본다. 대개의 문화인류학자들은 그러지 않았다. 이에 해리스는 대안으로 문화유물론을 주창했다. 문화유물론의 핵심 원리는 "인간의 사회적 존재가 의식을 규정한다.”는 마르크스의 주장에 따른 하부구조 결정론이다. 그렇다고 해리스가 고전 마르크스주의가 정의하는 하부구조와 상부구조 개념을 그대로 답습하는 것은 아니다. 그는 하부구조를 “문화와 자연 간의 주된 접촉면interface”으로 본다. 때문에 문화유물론이 말하는 하부구조는 마르크스 사적 유물론에 비해 범위가 더 넓은 편이다. 여기에는 기본생계를 위한 생산양식에 더하여 인구동태·짝짓기 유형·피임·낙태 따위의 재생산양식도 포함된다. 사적 유물론에서 말하는 하부구조인 시장·재분배·고용과 같은 교환유형은 제외되었다.

해리스는 마르크스가 미처 의식하지 못했던 ‘행위적 에틱etic’ 관점(외부 관찰자의 관점)과 ‘정신적 에믹emic’ 관점(내부 현지인의 관점)을 구분하고 이를 매우 중시한다. 그는 행위적 에틱이 정신적 에믹에 비해 우선한다고 본다. 왜 그럴까? 해리스는 인도남부 케랄라 지역을 조사하면서 수송아지의 사망률이 암송아지에 비해 거의 두 배에 달한다는 사실에 주목했다. 현지 농민들은 정통 힌두교의 가르침에 따라 아무도 소를 도축하거나 굶겨 죽이지 않는다고 일관되게 주장하였다. 다만 수컷이 암컷에 비해 ‘더 허약해서’ 큰 성비(性比) 차가 나타난다고 설명하였다. 하지만 해리스의 연구결과는 달랐다. 그는 “지역 생태와 경제의 필요성에 따라” 성비가 교묘히 조정된 사실을 발견하였다. 이런 사례는 에틱과 에믹 관점의 구분이 왜 중요한지, 또 에믹에 비해 에틱이 우선한 이유가 무엇인지를 잘 보여 준다. 해리스는 『문화의 수수께끼』 서문에서 다음과 같이 말한다.

"아주 기이하게 보이는 신앙들이나 관행들이라 해도 면밀히 검토해 보면, 평범하고 진부하며 '통속적'이라고까지 할 수 있는 상황·욕구·활동 등에 근거를 두고 있다는 사실을, 나는 이 책에서 밝히고 싶다."

실제로 이 책에 나오는 암소 숭배·돼지 혐오·원시부족의 남성우월주의·포트래취·유령화물신화·메시아 신앙·마녀사냥 따위의 세계 문화는 모두 선뜻 이해하기 힘든 난제들이다. 그런데 해리스는 헝클어진 수수께끼의 실마리를 기발하게 찾아내 차근차근 풀면서 그 모든 게 실은 서로 연관되어 있음을 보여 준다. 그는 자신이 제출한 답안은 과학자들의 가설처럼 개연적인 것이라고 전제한다. 언제든 더 타당한 연구 결과가 나오면 뒤집어질 수 있다는 사실을 굳이 부정하지 않는다. 그럼 해리스가 공을 많이 들인 인도 힌두교도의 암소 숭배에 대해 살펴보자. 많은 학자들은 인도의 굶주림과 가난의 주요 원인을 암소 숭배에서 찾는다. 3천 마리가 넘는 '쓸모없는 암소'(1971년 기준)가 보호받고 있기 때문에 농업 생산성이 떨어지고 인간과 다른 가축들이 더욱 굶주리게 된다는 것이다. 더욱이 힌두교도들의 암소숭배는 쇠고기를 먹는 무슬림을 증오하게 만들어 '연례행사'처럼 분쟁을 촉발시킨다고 지적한다. 하지만 해리스가 얻은 연구 결론은 달랐다. 인도의 농촌은 서구처럼 아직 산업화되지 않았다. 대부분의 가난한 농민들은 트랙터 같은 현대적 농기계를 구입하기 힘든 상태다. 그런 그들에게 암소는 수소를 생산하는 공장과 다름없다. 해리스는 이 한 가지 이유만으로도 숭배 여부와 상관없이 암소도살은 금지되어야 한다고 본다. 그는 인도에서 암소가 사라지면 대부분의 농민들은 일터를 잃게 되고 소수의 기업농이 그 빈자리를 메울 것이라고 경고한다. 인도 암소는 쓰레기 청소부 역할을 하며 그들의 분뇨는 고스란히 연료로 쓰인다. 그 밖에도 우유·가죽·고기공급 등 버릴 게 하나 없을 만큼 용도가 매우 다양하다. 그러므로 암소는 '쓸모없는' 게 아니라 꼭 필요한 존재다. 해리스는 암소숭배가 주는 최고의 미덕을 지속 가능한 저(低)에너지 생태계의 유지로 꼽는다. 그는 오늘날 진짜 숭배받는 암소는 실상 고(高)에너지 사회의 자가용 승용차라고 지적한다.

생태 경제적 시각에서 암소숭배 문화를 설명한 해리스의 의도는 알겠다. 그런데 인도의 저명한 사학자 D. N. 자(D. N. Jha)는 인도의 암소 신화가 근대 이후 극우 민족주의 강화라는 정치적 목적을 위해 힌두뜨와 세력이 조작한 것이라고 주장한다(『성스러운 암소신화』, 2004, 푸른역사). 이는 우리가 '유구한 전통'이라 여겨 온 대부분이 실상 비교적 최근에 '만들어진 것'임을 환기시킨 에릭 홉스봄(E. J. E. Hobsbawm)의 주장과도 맥락을 같이한다. 홉스봄에 따르면 근대화 이후 각국에 국민국가가 들어서자 국민통합이라는 정치적 목적을 위해 전통의 발명과 창조가 붐을 이루었다. 가령 근대 올림픽은 1896년 그리스에서 처음 시작되었고 규모나 내용 면에서 고대 그리스 올림픽과는 사뭇 다르다. 한국의 태권도도 삼국시대부터 시작된 것으로 알려졌으나 사실 '태권도'란 명칭이 공식화된 것은 1955년에 이르러서였다. 최홍희가 일본의 가라데, 중국의 쿵푸, 태국의 킥복싱, 한국의 태껸 따위를 종합하여 현대적인 무도로 발전시킨 게 태권도인 것이다.

D. N. 자는 최근 한 통계에 따르면 인도의 연간 쇠고기 생산량은 144만 톤에 달한다고 말한다. 이는 양고기나 염소고기 생산의 곱절에 해당하는 엄청난 분량이다. 암소가 교묘한 방식으로 암암리에 도살된다는 사실은 해리스도 이미 언급한 바 있다. 수소와 암소는 비슷한

비율로 태어나지만 묘하게도 암소는 수소에 비해 숫자가 훨씬 적다. 이는 암소숭배의 이중성을 드러낸다. 그럼에도 해리스는 힌두교의 암소숭배 문화가 저에너지 생태계 유지에 기여할 것으로 보고 이를 지지한다. 그는 사실상 힌두교 중심의 극우 민족주의 성격의 집권당인 인도국민당의 손을 들어 주고 있는 셈이다. 하지만 D. N. 자는 인도는 전통적으로 "다인종, 다언어, 다종교, 다종족, 다문화"였고 지금도 그렇다고 본다. 그는 인도의 극우 민족주의자들이 불순한 동기에서 '성스러운 암소신화'를 만들어 냈다는 사실을 철저한 역사적 고증 작업으로 입증해 보인다. D. N. 자에 따르면 역사적으로 인도에는 암소 여신도 암소를 모신 사원도 존재한 적이 없었다. 베다·브라흐마나·우빠니샤드 같은 경전 어디에도 암소 도살을 금지하는 내용은 전혀 찾아볼 수 없다. 암소 도살을 금기시하기 시작한 것은 중세 초기에 이르러서였다. 또한 19세기 이후에야 암소는 신성한 동물로 숭배되기 시작한다. 이처럼 암소신화가 인도 국민국가의 강화를 위한 정치 이데올로기라면? 아마도 소를 이용한 저에너지 생태 환경이 지속되기를 바라는 해리스의 책략은 마땅히 교정해야 할 것이다.

해리스는 성서와 꾸란이 돼지를 혐오하는 원인을 "돼지사육이 중동지방의 기본적인 문화와 자연 생태계의 조화로운 통합성을 깨뜨릴 위험이 있었기 때문"이라고 생각한다. 돼지고기를 먹지 말라는 신의 명령은 완벽한 생태학적 전략이었다고 평하기도 하였다. 그가 볼 때 중동에서 돼지고기는 저음부터 사지스러운 식품이었다. 건조한 중동에서 돼지를 사육하기란 쉽지 않기 때문이다. 하나 해리스는 부드럽고 기름기 많은 돼지고기를 먹고 싶어 하는 대중의 욕구가 강렬할수록 종교적 금지조치를 할 수밖에 없었을 것이라고 설명한다. 일리는 있으나 의문이 완전히 해소된 것은 아니다. 굳이 돼지가 아니라도 중동에서 키우기 힘든 짐승은 많다. 그런데 어찌하여 유독 돼지를 혐오하는 것일까? 돼지 금기를 설명하는 몇 가지 이론들이 있다. 돼지가 불결하기 때문이라는 위생 이론, 신성한 동물이라는 토템 이론, 분류에 맞지 않는 애매모호한 동물이라는 분류 이론, 키우기 어렵고 고기 외에 딱히 쓸모가 없다는 환경 이론 따위가 그것이다.

성서는 돼지에 대해 이렇게 규정한다. "돼지는 굽은 갈라졌으나 새김질을 못 하므로 너희에게 부정하니 너희는 이런 것의 고기를 먹지 말 것이며 그 사체도 만지지 말 것이니라."(신 14:8) 성서는 분류 이론을 뒷받침하는 것이다. 돼지 말고도 낙타, 토끼, 오소리는 새김질은 하지만 굽이 갈라지지 않았다는 이유로 먹지 말아야 했다. 한편 꾸란의 규정은 이렇다. "알라께서 그대들에게 금한 음식은 죽은 고기의 피, 돼지고기 및 알라 이외의 이름으로 도살된 것 등이다. 그러나 먹고 싶어서나 신명(神命)에 배반할 마음에서가 아니고, 할 수 없이 먹었을 경우에는 죄가 안 된다."(코란, 2. 173) 무슬림의 돼지고기 금기는 꾸란 자체가 그렇듯 유대교의 영향으로 보인다. 이슬람에서는 자연사한 동물이나 싸우다 죽은 동물고기를 먹는 것도 금한다. 이것도 우상의 제물과 피와 목매어 죽인 것을 금하는(레 11; 행 15:29) 유대교의 금기와 유사하다. 사실 음식 금기는 세계 여러 나라마다 다양하게 나타난다. 여기에는 긴 세월 갖가지 요인이 복합적으로 작용했을 것이다. 하지만 돼지 혐오를 비롯한 모든 음식 금기는 항구불변의 원칙이 아니라 상황에 따라 얼마든 변화할 수 있을 것이다.

해리스는 뉴기니아의 마당(Madang)족을 사례로 '화물숭배'로 불리는 흥미로운 종교 의식을 분석한다. 화물숭배(貨物崇拜)란 죽은 조상들이 현대 산업사회의 생산물(신발·통조림·총·자동차·컴퓨터 따위)을 가득 실은 배나 비행기를 타고 돌아올 것으로 믿고 기다리는 풍습을 말한다. 해리스가 말하는 화물숭배는 멜라네시아와 뉴기니아에서 널리 행해지는 포트래취(potlatch: 축제 때 교환하는 '선물'이나 '선물 나누기')와 연관이 있다. 원시부족들은 포트래취를 열어 누가 더 성대한 축제로 최상의 선물을 나눠 주는가에 따라 대인(大人, bigman)의 지위를 확인한다. 포트래취 주최자들은 오로지 자신이 상대보다 우월하다는 위신을 얻고자 기껏 모은 재산을 다 헐어 경쟁적으로 손님들에게 나눠 준다. 해리스는 이런 포트래취가 호혜성에 따른 부의 재분배를 실현시키는 합리적인 메커니즘이라고 이해한다. 19세기 마당족을 선교했던 독일의 한 선교단체는 무려 13년간 한 사람의 회심자도 얻지 못하였다. 그들은 찬송가나 구원약속 대신 선물공세를 할 때만 부족의 신용을 얻고 인정받을 수 있었다. 마당족은 더 부유한 세계에서 온 대인인 선교사들이 당연히 재산을 분배해야 한다고 보았던 것이다.

이런 유령화물 숭배는 19세기에 시작된 이래 현재까지도 변천을 거듭하며 지속되고 있다. 가장 잘 알려진 형태는 남태평양 비누아트 타나 섬 주민들의 존 프럼(John Fram) 신앙이다. 이 섬은 한때 영국 식민지였다. 선교사들이 들어와 병원과 학교를 짓고 주민들을 해안가로 이주시켰다. 주민들이 갖고 있던 전통문화는 무시되었다. 그 즈음 존 프럼이라는 미군 병사가 찾아와 기이한 예언을 하며 서구화를 거부하고 전통을 지키며 살라고 가르쳤다. 타나 섬 주민들은 그 뒤 기독교를 떠나 금요일마다 따로 집회를 열고 있다. '존 프럼의 날'을 정하여 그가 화물을 가지고 돌아오기를 기다리는 의식을 행하기도 한다.

이를 단순히 어리석은 미신으로 돌릴 수만은 없다. 1970년 타나 섬의 한 추장이 이렇게 말했다. "사람들은 거의 2천 년 동안 그리스도의 재림을 기다렸다. 그렇다면 우리라고 존 프럼을 그 이상 기다릴 수 없겠는가?" 어쩌면 존 프럼 신앙은 원주민들이 자신들의 전통과 문화를 지키고자 고안해 낸 반서구화를 위한 안전핀인지도 모르겠다. 해리스는 화물숭배의 진짜 비밀은 제국주의의 식민지 착취에 있다고 본다. 가령 마당족은 독일, 일본, 오스트레일리아 등의 식민지 생활을 차례로 경험하였다. 열강들은 원주민들의 값싼 노동력과 땅을 착취하여 막대한 부를 획득했다. "열심히 일하면 부자가 된다."는 선교사들의 말과 제국주의자들의 약속은 계산된 기만이었다. 때문에 해리스는 "어떤 의미에서 원주민들이 산업국가의 생산물을 살 돈이 없다고 하더라도 그것을 소유할 자격이 있다."고 본다. 그들의 화물숭배도 그런 차원에서 이해할 수 있다는 것이다.

그렇다면 이것과 유대인들의 전투적 메시아 신앙은 대체 무슨 관련이 있는 것일까? 로마제국의 지배 아래서 유대인들만큼 무모하게 제국에 저항한 민족은 없었을 것이다. 사실 유대인들은 다른 나라에 비해 상당히 관대한 대우를 받은 편이었다. 그럼에도 그들은 흡사 부나방이 불에 뛰어들 듯 끊임없이 로마제국에 항거하였다. 제롯당 같은 게릴라로 혹은 기회만 주어졌다 하면 금세 폭동과 봉기를 일으켜 저항을 일삼았다. 마침내 유대전쟁이 터졌고 기원후 70년 티누스의 무자비한 진압으로 예루살렘이 함락되었다. 성전은 불에 탔고 무려 100만 명 이상 사상자가 발생하였다. 하지만 살아남은 자들은 맛사다 요새에서 모조리 자결하기까지 저항을 계속하였다. 여기서 그친 게 아니다. 기원후 132년에는 바르 코흐바(Bar Kochba)가 20만 군대를 조직하여 유대 독립 국가를 세웠다. 이들은 로마군과 싸워 1개 군단을 완전히 궤멸시킨 뒤에야 겨우 진압되었다. 유대인들이 이토록 격렬히 저항하였던 배경에는 다윗 왕국의 회복이라는 메시아 신앙이 있었기 때문이다. 해리스는 마당족의 화물숭배에서 보듯, 원한에 찬 유대인들의 메시아 숭배가 발생한 원인도 결국 위급한 식민지 투쟁을 전개하기 위한 것이라고 본다. 혁명이란 착취당하는 사람들이 압제자들을 타도하고 강적과 투쟁하기 위해 필사적인 수단을 강구해야 한다는 것을 의미한다. 그렇다면 마당족의 화물숭배와 유대인들의 메시아 신앙은 그리 다르지 않다. 다만 하나는 과격한 정면 대응으로, 하나는 비교적 유약한 방식으로 에둘러서 대응했을 따름이다.

　이 책 『문화의 수수께끼』는 문화인류학에 문외한인 일반인들에게도 이미 널리 알려진 고전이 되었다. 전혀 상관없을 것 같은 이질적인 문화현상들이 사실상 궤를 같이하고 있다는 저자의 예리한 통찰은 독자에게 신선한 충격을 안겨 준다. 이는 굳게 잠겼던 자물통이 스르르 풀리는 기묘한 경험과도 같은 것이다. 하지만 이 책이 지금까지 잘 알려지지 않은 문화의 진기한 면을 소개해 주는 데 그치는 것은 아니다. 해리스는 우리에게 낯선 힌두교의 암소 숭배나 원시 부족의 이색 문화로 서구 기독교 문명 자체를 뿌리 채 뒤흔들어 놓으려 한다. 더 나아가 우리가 살고 있는 현대 문명의 생활양식 자체도 과학적 객관성에 입각하기보다는 많은 경우 '마녀사냥의 복귀'와 같은 엉뚱한 방향으로 선회하고 있음을 경고한다. 그리하여 우리 삶을 왜곡시키는 여러 문화적 실체를 정신 차리고 통찰하도록 일깨운다.

고대 이스라엘 역사는 학문적 허구다

키스 W. 휘틀럼/김문호 옮김,
『고대 이스라엘의 발명』(이산, 2003)

일본의 역사 교과서 왜곡으로 해마다 소란이 끊이지 않는다. 이 한 가지만 보더라도 역사는 과거의 정체된 유물로만 존재하는 건 아니다. 얼마든지 현실적 역학관계 변화에 따라 재조명 내지 재창조되기도 한다. '역사의 정치학' 견지에 따르면 연구자의 정치적 태도와 견해가 심지어 고고학에도 결정적인 영향을 미친다고 한다. 휘틀럼(영국 세필드 대학 성서연구과 교수)은 이 책『고대 이스라엘의 발명』에서 그간의 고대 이스라엘 연구가 얼마나 편파적으로 진행되어 왔는지를 치밀하게 논증하고 있다. 그는 고대 이스라엘 역사 연구가 오리엔탈리즘을 내면화하고 있는 서구 유럽의 학자들에 의해 지금껏 철저히 허구적으로 창조 및 날조되었다고 주장한다. 휘틀럼이 보기에, 이들의 연구는 팔레스타인 역사를 소품쯤으로 취급한다. 성서연구의 담론에 갇힌 채 사실과는 거리가 먼 이스라엘 역사 서술에 집중하는 공통점도 있다. 때문에 고고학적 발굴로 어떤 유물이 발견되어도 그것을 성서의 기록을 뒷받침해 주는 증거로 해석하려는 오류를 너무 자주 범한다.

흔히 거대한 제국을 연상시키는 다윗과 솔로몬 왕국은 지금까지 고고학자들에 의해 출토·확인된 고고학적 흔적이 거의 없는 실정이다. 있다고 해 봐야 최근 텔단이라는 곳에서 '다윗의 집'을 언급한 돌기둥 일부가 발견되었을 뿐이다. 이것만을 가지고는 다윗제국을 증명하기엔 턱없이 부족하다. 그럼에도 이 돌기둥 조각 하나는 다윗 왕에 대한 성서의 기록들이 온당함을 입증하는 증거로 간주되고 있다. 하지만 휘틀럼은 이러한 편향된 주장들을 일축한다. 그의 생각에는 설사 이 돌기둥이 서기전 9세기나 8세기에 유다 왕국의 존재를 확인해 주는 것일지라도 문제는 여전히 남는다. 그것만으로는 유다 왕국의 범위 구성이나 다윗 치하의 왕정이 최고 수준의 '제국'을 표상한다는 믿음 중 어느 것도 확증할 수 없기 때문이다. 그래서 휘틀럼은 '다윗과 솔로몬 왕국'이란 근대 국가 이스라엘을 철기 시대로 역투사시킨 신기루에 지나지 않으며 역사의 완전한 왜곡이라고 본다. 이울러 그는 유다나 이스라엘 왕국조차 광범위한 팔레스타인의 역사에서 유일한 요소가 아니라 팔레스타인 역사의 한 부분으로 이해해야 한다는 주장을 펼친다.

　지금까지 고대 이스라엘 역사 연구에는 막대한 연구 기금이 투입되었다. 이는 비단 서구 그리스도교 신학자들의 진리 추구를 위한 가상한 노력 때문만은 아니라는 것이 휘틀럼의 분석이다. 그는 복음·보수적인 그리스도교가 고대 이스라엘의 물증을 찾는 작업에서 정치·종교적 시온주의와 암암리에 동맹을 맺어 왔음을 여러 정황과 근거를 가지고 본문 곳곳에서 줄기차게 폭로한다. 그리스도교와 유다교, 유럽국가와 근대 이스라엘이 나름의 이해관계에 의해 고대 이스라엘 역사 연구에서 동맹을 맺어 왔다는 이야기다. 고대 이스라엘 연구는 겉으로는 이스라엘의 출현과 기원에 대한 주장인 것 같아 보인다. 하지만 저자의 논지에 따르면, 이는 근대 이스라엘 국가 건설을 합리화하고 확고히 하기 위한 기획의 일환이었으며 유럽 문명의 뿌리를 탐사하는 것이기도 했다. 그러니 엄연히 존재하는 팔레스타인을 배제하고 억압하는 편파적이고 파열된 역사 연구가 진행되는 게 당연했다.

　휘틀럼의 문제제기는 워낙 도발적이고 치밀하다. 때문에 지금까지 고대 이스라엘 연구에서 막강한 학문적 지배력을 행사하던 학자들은 그의 혹독한 비판 앞에 맥없이 주저앉는 형세다. 알트·노트·올브라이트·브라이트는 물론이고, 진보적 학자들로 한국의 민중 신학자들에게 각광받아 왔던 갓월드나 멘델홀까지도 휘틀럼의 칼질을 당해 낼 도리가 없다. 오늘날 성서역사학의 높은 수준을 보여 주고 있는 밀러와 헤이스, 고고학자인 핑컬스타인(『성경: 고고학인가 전설인가』의 저자)마저도 팔레스타인을 의도적으로 배제한 성서 담론 중심의 역사 서술을 하였다는 휘틀럼의 비판을 피해 가지 못한다.

　최근 문학연구와 고고학적 자료를 결합한 연구결과에 따르면 이스라엘 역사에서 족장시대·출애굽시대·가나안 정복시대는 역사적 '사실'로서 그 가치를 인정받지 못하게 되었다. 한데도 서기전 19세기부터 서기전 13세기에 이르는 팔레스타인의 시간은 아직 복원될 기미조차 보이지 않는 현실에 휘틀럼은 답답해한다. 그는 80년대 이후 고대 이스라엘과 유다의 역사를 다루는 책들이 점점 얇아지거나 서문이 상대적으로 길어지는 현상은 이 지역 역사를 재현하는 데 임계점에 도달했음을 뜻한다고 지적한다. 한마디로 고대 이스라엘 역사 연구가 심각한 위기에 처해 있다는 것이다. 기존의 성서연구 담론이 너무나 광범위하게 그 지위를 굳히고 있다. 까닭에 팔레스타인 역사가 정당하게 복원되기에는 그만큼 어려움이 뒤따른다. 오랜 관행에 묶인 성서담론에 기초한 역사는 팔레스타인을 대상화시켜 그들은 부도덕하고 국민의식이 없으며 뒤떨어진 문화를 가지고 있었다는 뿌리 깊은 편견을 심어 놓았다. 그리고 이스라엘이 가나안을 대체한 것은 역사의 진보라고 오인하게 만들고 있다.

휘틀럼은 과거의 구성은 역사적·사회적 정체성의 규정을 둘러싸고 벌어지는 일종의 투쟁이라고 본다. 그는 이 투쟁이 이제 막 시작되었고, 이 책은 팔레스타인 역사라는 프로젝트가 성서연구의 담론에 의해서 어떻게 방해받아 왔는지에 대한 논평이라고 밝힌다. 휘틀럼은 이 책을 쓰는 데 에드워드 사이드의 오리엔탈리즘 이론에 많은 빚을 졌다. 그럼에도 학문적인 엄밀성을 유지하면서 많은 시간을 할애하여 기존 고대 이스라엘 역사 연구에 대한 심도 깊은 비판을 기한 것은 그의 획기적인 업적으로 평가할 만하다. 그의 말처럼 이 책은 팔레스타인 역사를 쓰기 위한 긴 서설에 지나지 않으나, 앞으로의 연구를 위한 중요한 방향타를 날렸다는 점에서 그 의미가 상당하다. 다만 한 가지 그가 팔레스타인 출신이나 고고학자가 아니라는 점이 아쉽다. 팔레스타인 역사를 반드시 팔레스타인 사람이 쓸 필요가 없음은 당연하다. 하지만 유럽인으로서 갖게 되는 저자의 태생적인 한계를 간과할 수 없다. 그리고 고고학자가 아니라는 사실은 앞으로 역사서술에 있어 항상 2차 자료에 의지할 수밖에 없는 난점이 있다.

고고학자들, 성서를 파헤치다!

핑컬스타인, 실버먼 공저/오성환 옮김,
『성경: 고고학인가 전설인가』(까치, 2002)

　　고고학적 발굴 작업으로 감춰진 과거를 캐내는 일은 흥미진진한
작업이다. 특히 성서에 기록된 역사적 내용의 사실 여부를 밝히는 작
업은 오랫동안 세계적인 관심거리였다. 그 이유는 성서가 아브라함
종교라 불리는 3대 종교뿐만 아니라, 인류문화 전반에 걸쳐 아직까지
크게 영향을 끼치고 있기 때문이다. 과연 노아 대홍수나 이집트 탈출
사건(출애굽)은 정말로 일어났을까? 아브라함이나 야곱 같은 이스라
엘 족장들 이야기는 어디까지가 사실일까? 이스라엘인들의 가나안

정복이나 다윗—솔로몬으로 이어진 광대한 통일왕국의 황금시대는 실재했을까? 고고학자들은 힘겨운 발굴과 연구 작업들을 진행하면서 까마득히 잊힌 성서의 역사를 땅속에서 새롭게 밝혀내고 있다.

성서고고학을 하는 사람들은 애초에 그들의 고고학적 발굴 작업이 성서에 기록된 내용을 증명하고 보충하는 데 크게 기여할 수 있으리라 기대했다. 그러나 고고학의 눈부신 발전과 함께 현재까지 드러난 결과들을 살펴보라. 되레 전통적인 성서에 대한 이해를 완전히 뒤집고 있어 당혹스러울 지경이다. 예컨대 아브라함 이야기나 모세의 율법은 실상 서기전 7세기 이후에야 비로소 기록되기 시작했다는 것이 대다수 고고학자들의 의견이다. 그렇다면 율법은 하나님이 모세에게 불러 주고 그것을 받아 적게 한 것이 아니라 오랜 세월 동안 발전해 왔다는 말이 된다.

지금까지 족장들의 이야기나 이집트 탈출 사건의 석연치 않음, 가나안 정복과 정착 과정 등에 관해 학계의 많은 연구와 논란이 있었다. 성서가 최소한 현재 묶인 순서대로 기록된 것이 아니며, 역사적 사건에 대한 여러 보도도 생각보다 상당히 후대에 편집되었다는 사실이 밝혀졌다. 그러나 출애굽 사건이 어떤 형태로든 있었고, 이스라엘인은 이민족으로 가나안에 들어갔으며, 다윗과 솔로몬의 통일왕국시대는 이스라엘의 최대 황금기였다는 사실은 대체로 널리 인정받는 편이었다. 어찌된 일일까? 저자들은 최신 고고학적 연구 결과들을 토대로 출애굽 이야기는 역사적인 사실이 아닌 창작이라 주장한다. 또한 이스라엘인들은 외부에서 가나안에 들어간 것이 아니라 본래 가나안 원주민이었고, 다윗—솔로몬 제국은 사실상 존재하지 않았다고 딱 잘라 말한다.

얼마 전만 해도 학자들은, 다윗과 솔로몬이 다스린 통일왕국의 황금기에 들어서야 그 물적 토대를 기반으로 광범위한 문서 활동이 가능했으리라고 추정했다. 하지만 고고학자들은 솔로몬시대에 예루살렘이 대도시였다는 어떤 증거도 찾지 못했다. 때문에 저자들은 다윗과 솔로몬의 실존은 부정할 수 없다고 하더라도 그들은 턱없이 작은 산간의 군벌 정도에 지나지 않았을 것이라고 추정한다. 성서는 북왕국 이스라엘보다 남왕국 유다의 왕들이 더 선하였고 넓은 영토를 다스렸다고 보도한다. 실상은 이와 달랐다. 남왕국 유다는 북왕국이 아시리아에게 멸망당하기 이전까지 국제적인 외교문서에 언급된 것마저 찾아보기 힘들만큼 그 규모가 매우 초라했음이 발굴로 드러났다. 남유다 왕국은 주로 산간 지역에 위치하여 인구밀도도 북왕국에 비해 훨씬 적었고 비교적 구차한 삶을 살았던 것으로 파악되었다. 반면 북왕국은 남왕국보다 훨씬 화려한 고고학적 유적을 남겼다. 과연 아시리아가 군침을 흘릴 만한 비옥한 땅과 왕궁을 소유한 왕국이었던 것이다.

마침내 북왕국 이스라엘은 아시리아에게 멸망하고 말았다(서기전 722년). 그러자 남유다 왕국에 획기적인 변화가 일어났다. 예루살렘이 종교 중심지가 되는가 하면 인구가 급증한 것이다. 이 시기에 히스기야를 비롯한 남유다 왕들은 국민 통합 차원에서 전통적인 다신숭배를 금하였다. 그리고는 '야훼 유일신 운동'을 벌이면서 대대적인 개혁을 단행하였다. 이 운동은 요시야 왕 때 이르러서 정점에 달하였다. 바로 그 당시에 승리자 유다의 시각에서 성서 집필이 본격화되었다는 것이 저자들의 주장이다. 하지만 통일제국 건설의 기대를 한 몸에 받던 요시야가 이집트 왕 느고(네코 2세)와 므깃도 싸움에서 불행히도 전사하고 말았다. 얼마 뒤에는 유다 왕국도 바벨론 제국에 멸망하였다. 바벨론에 포로로 잡혀간 유다 지식인들은 야훼 유일신 운동의 실패 원인이 무엇인지 분석하였다. 성서의 전면적인 수정이 불가피했다. 저자들은 이런 과정을 거쳐 제2차 성서편집과 집필이 이루어졌다고 생각한다.

그들은 성서가 본래 어떤 역사적인 사실을 증명할 목적으로 기록되지 않았음을 상기시킨다. 실제로 실증사관은 과학을 숭상하고 합리주의적 세계관을 갖게 된 현대인의 시각임을 고려해야 한다. 저자들도 성서는 '사실'의 기록으로서 오늘날 의미 있는 것이 아니라, '진실'을 담은 책으로서 그 진가를 발휘한다고 생각한다. 성서 서사시의 위력은 홍해가 갈라지고 여리고 성벽이 나팔소리에 무너진 것 같은 드라마틱한 사건이나 인물의 실존을 뒷받침하는 증거에서 나오지 않는다. 저자들은 성서 서사시의 진정한 위력이 다른 데 있다고 말한다. 즉 인간의 해방·압제에 대한 끊임없는 저항·사회적 평등의 추구 등 시공을 초월한 여러 보편적 주제를 명확히 표현한 데서 우러나온다는 것이다.

그동안 일부 학자들이나 논의하던 최신 성서 고고학의 연구 결과를 이처럼 알기 쉽게 잘 정리해서 내놓은 저자들의 수고에 감사한다. 그들은 역시 중견 고고학자라 학문적인 치밀함을 잃지 않는다. 그러면서도 이 분야에 문외한일지라도 접근 가능하도록 쉽게 쓰려고 배려한 노력이 엿보인다. 다만 한 가지 이 책은 고고학적 발굴 결과물들에 무게 중심을 두고 이스라엘 역사를 재구성한다. 고로 다소 과장된 측면이 없지 않다. 가령 요시야 왕의 시대를 기점으로 최초 성서 집필 시기를 맞추려다 보니 요시야 왕에 대해 과도하게 확대 해석을 가한 것으로 보인다. 저자들의 주장이 옳다면 정작 성서는 왜 요시야에 대해 북왕국의 폭군 아합보다 그토록 짧게 서술하고 있는지도 말해야 할 것이다. 요시야가 맞이한 뜻밖의 죽음 때문이라는 설명만으로는 아무래도 설득력이 떨어진다. 단명했더라도 위대한 왕의 업적은 얼마든지 크게 칭송될 수 있기 때문이다. 사실 역사적 사건을 현재 남아 있는 고고학적 발굴 자료에 의존하여 정확히 파악하기란 거의 불가능하다. 그러한 자료들을 누가, 어떤 시각을 가지고, 어떻게 해석하는가에 따라 전혀 다른 결론에 이르기 때문이다.

기억의 전쟁은 계속된다

서경식 · 타카하시 테츠야 지음/김경윤 옮김,
『단절의 세기 증언의 시대』(삼인, 2002)

급속히 국가주의로 기울고 있는 작금 일본에 대해, 무심한 시간의 흐름을 거스르며 치열하게 비판을 가하는 사람들이 있다. 재일 조선인 2세로 현재 도쿄게이자이대학 교수인 서경식과 도쿄대학에서 철학을 가르치고 있는 타카하시가 바로 그들이다. 이들은 켜켜이 쌓여 역사의 지층에 묻혀 버린 진실을 드러내고자, 벌써 흐릿한 지난 20세기 전쟁의 기억을 찬찬히 더듬는다. 폭력과 만행으로 점철된 지난 세기 일본의 전쟁책임을 끈질기게 추궁하기 위해서다. 이는 독일과는 달리, 전후 일본이 구(舊)일본 제국이 저지른 범죄를 스스로 심판하기는커녕 오히려 은폐·왜곡·부인으로 일관하면서 버젓이 계승하고 있는 것과 무관치 않다. 저자들이 불행한 과거사를 따져 묻는 것은, 오늘의 현실이 과거를 '소환'하고 있기 때문이다.

서경식과 타카하시의 연속대화는 1998년부터 1999년까지 총 일곱 차례나 계속되었다. 그 대화 내용을 일본의 진보적 잡지 <세카이 世界>가 기록하여 연재했다. 그것을 수정 보완해 이 책이 나왔다. 두 사람은 전후 일본 문제를 주제로 길고도 진지한 대화를 약 반년간이나 진행하였다. 그렇다면 역사학자도 아닌 그들이 무슨 계기로 이런 작업을 시작했을까? 재일 조선인인 서경식은 71년 '재일교포 유학생 간첩단사건'으로 긴 옥고를 치른 서승·서준식의 동생이다. 이런 그의 개인 내력은 제국주의·국가주의의 폐습·냉전체제의 희생자들에 대한 관심을 자연스레 갖게 하였다. 타카하시의 경우엔 토종 일본인에 속한다. 하지만 유럽철학을 연구하다가 자신의 의지와는 상관없이 홀로코스트(유태인 대량학살) 문제와 부딪히면서 '일본인의 전후 책임'이라는 과제에 깊이 관심 갖게 되었다고 한다. 그는 정치 폭력의 피해자에 대한 응답 책임을 강조하고 있다.

두 사람은 전쟁에 대한 기억과 증언을 아무도 듣거나 믿어 주려고도 않는 세태를 깊이 우려한다. 그들이 보기엔 이는 유대계 정치사상가 한나 아렌트(Hannah Arendt)가 제기한 '망각의 구멍'과도 같은 것이다. 나치 독일과 스탈린의 소련 전체주의가 보여 준 특징이었던 기억의 말살 정책에 그대로 동조하는 꼴에 다름 아니다. 그런데도 피해국의 국가수반조차 너무 쉽게 '역사의 청산'을 말한다. 더 나은 미래를 위해 지난 과거사는 마치 거추장스러운 듯 취급하려 드는 현실이다. 심지어 지난 김대중 정권은 일본 천황을 초청하고 싶다는 뜻을 정식으로 표명한 바 있다. 천황 초청으로 역사 청산과 한일 신시대를 연출하겠다는 계획이었다. 이럴진대 일본 내에서 우익들이 자위대의 정식 군대화를 서두르며 역사교과서를 제멋대로 왜곡하고, 각종 망언과 야스쿠니 신사로 군국주의 회귀를 꾀하는 것을 어찌 문제 삼을 수 있겠는가. 서경식은 소위 역사의 청산에 대한 다음의 의미심장한 말을 던지고 있다.

> 역사는 책의 페이지를 넘기듯이 갱신해 가는 것이 불가능합니다. 제아무리 국가 권력이라고 해도 있었던 것을 없었던 일로 할 수는 없는 법입니다. 그렇기 때문에 '역사의 청산'이란 가능한 일이 아닙니다. 역사는 지층처럼 겹겹이 쌓여 있습니다. 문서 자료가 남는 일도 거의 없을뿐더러 문서를 남기는 사람은 권력의 중심에 가까운 사람, 남성, 글을 쓸 수 있는 사람뿐입니다. 그러니 문서만이 아니라 전승되는 이야기나 신화, 고고학적 수법 등을 활용해 오래된 지층에서 기억을 불러일으키려 하는 것입니다. 말하자면 현재의 요청에 의해 과거의 지층으로부터 죽은 이들, 망령이 된 증인들이 소환되고 있는 것입니다(43쪽).

이 책은 현재 일본 내의 정치 사상적 흐름을 잘 보여 주며 저자들의 풍부한 지적인 사유와 통찰을 맛보게 한다. 더불어 전후 일본의 책임이 어떤 방식으로 은폐, 왜곡되는지를 예리하게 파헤친다. 두 사람은 일본 내의 사회 각층에 널리 퍼져 있는 '비판 정신의 쇠약'이라는 현상을 가장 걱정한다. 지난 2001년, 일본 극우파의 역사교과서 왜곡 문제가 터지자 이를 규탄하는 국내 여론이 한참 들끓었다. 그러다 결국 단지 몇 군데 학교에서 그 교과서를 채택하는 데 그치자, 이를 두고 한국 정부는 "일본 시민 양식이 발휘되었다."고 높이 평가했다.

하지만 서경식은 그건 실제 상황을 잘 모르고 하는 오판이라고 본다. 현지 일본에서 그가 실감하기로는, '일본 시민의 양식'에 별로 큰 기대를 걸 수 없다는 것이다. 그는 『사죄와 망언 사이에서/원제-패전후론』으로 알려진 가토 노리히로만 해도 한국에서는 우파의 국가주의에 대항해 아시아의 전쟁 피해자에 대한 사죄를 부르짖는 사람인 양 오해하는 것 같다고 지적한다. 그러면서 가토의 논리는 사실상 국가주의에 투항하는 시민 리버럴에 다름 아님을 조목조목 비판한다.

전쟁에서 죽은 자를 국가가 '자국을 위해 죽은 자'로서 위령하는 것 자체를 반대한다는 타카하시의 주장은 신선하다. 그는 죽은 자를 국가의 관리에 맡길 게 아니라 가족·유족에게 돌려보내야 한다고 주장한다. 만일 국가가 그들을 부추겨 전쟁에서 죽게 한 것을 진정 미안하게 생각한다면, 정부 대표자가 각 유족에게 가서 조의를 표하면 된다고 말한다. 파국으로 치달은 일본의 상황에서 나온 성찰이지만 어느 나라건 보편적으로 적용 가능한 주장이 아닌가 싶다. 물론 그의 이런 주장은 민족주의와 국가주의를 넘어서고자 하는 생각에서 나온 것이다. 이처럼 저자들은 국가와 비판적 거리를 두고 구상력을 펼친다. 그래서 국가가 벌인 전쟁에 '말려들었다'며, 국가와 자신을 일체화하여 그릇된 피해자 의식을 가진 일본인들 각 개인에 대한 책임까지도 분명히 하고자 한다.

송곳처럼 콕 찌르는 대한민국 비판서

박노자,
『당신들의 대한민국』(한겨레출판사, 2001)

1999년 한국에 귀화한 러시아인 박노자(본명 블라디미르 티호노프), 그는 한국인보다 더 한국말과 한국사(韓國史)에 능통한 비범한 인물로 알려져 있다. 이 책을 읽으면서 그게 결코 과장이 아님을 알았다. 유려한 문장 구사, 한국사 전공자다운 역사적 안목, 거기에다 한국인 스스로 지금껏 잘 보지 못했던 한국 사회에 대한 정직한 통찰을 보노라면 어지간한 사람이라면 누구나 혀를 내두를 만하다. 이 책은 외국인이 피상적으로 바라본 한국사회에 대한 경험담들과는 그 격을 달리한다. 박노자는 진정 한국인다운 한국인이며, 벌거벗은 임금님을 조롱했던 정직한 아이처럼 한국사회에 약이 될 만한 신선한 화두를 던진 젊은 학자다. 본디 병 치료에 진짜 도움이 되는 약은 쓰디쓴 게 특징이다. 이 책을 읽고 부끄러움을 느낄 수 없다면 그가 어디 한국 인이겠는가. 그만큼 박노자의 한국에 대한 해부는 솔직하고 예리하 다. 만일 그가 귀화하지 않은 외국인 신분이라면 "당신은 한국을 잘 몰라서 그런다."며 다들 변명부터 하고 싶을 것이다. 하지만 저자의 지적은 진정으로 한국을 아끼기에 하는 쓴소리다. 그냥 대수롭지 않 게 여겨 한 귀로 흘려들을 만한 내용이 아니다.

한국사회의 전근대적이고 극단적인 우상숭배·사대주의·종교 패 거리문화·폭력이 충만한 사회 등 박노자의 신랄한 지적은 우리를 아 찔하게 한다. 가령 그의 비판은 이렇다. 대부분의 남한 사람은 대형 동상과 거대 묘소를 조성해 김일성 숭배에 열심인 북한에 대해 혐오 하며 비판한다. 한데 박정희 기념관 건립을 수백억 규모의 국가적 사 업으로 진행하는 것에는 별문제 의식조차 못 느끼는 사람들이 꽤 많 다. 또 남한 보수언론들은, 북한의 '김씨 왕조'를 틈만 나면 비웃고 공 격하면서도 남한 재벌들의 거듭되는 소유와 경영권 세습은 당연시한 다. 남한 권력집단의 오너와 보스에 대한 충성경쟁도 북한의 광신적 개인숭배 행태와 구조가 매우 유사하다. 박노자가 양비론을 펴는 것 은 아니다. 그는 남한이 북한에 비해 경제발전과 언론자유 따위의 장 점이 더 많다는 사실을 인정한다. 하지만 오늘 남한의 '북한 멸시와 무설제한 우월의식'이 장자 큰 재앙을 초래할 수 있다는 우려에서 북 한이라는 거울로 남한 스스로를 돌아보게 만든다.

이 책에서 특히 인상적인 대목은 '아직도 폭력이 충만한 사회'라는 주제로 묶인 '군대 문화'에 대한 박노자의 매서운 비판이었다. 그는 평화주의자로서, 민족과 신성한 국방을 들먹이는 군대가 사실상 폭력 단체라는 신념을 지녔다. 그래서 양심적 병역 거부자들을 감옥에 가두는 국가적 자해행위를 속히 멈추고 그들이 폭넓은 대체복무를 할 수 있도록 제도화할 것을 주장한다. 막연한 낭만적 이상론이나 펼치려는 수작이 아니다. 박노자는 한국에 처음 유학 왔을 당시부터 학생들이 군대에 대해 어떤 생각을 품고 있는지 기회가 있을 때마다 자주 인터뷰하였다. 그러면서 한국의 군사 문화가 개인과 사회에 얼마만큼 악영향을 끼치고 있는지 절감하였노라 말한다. 일례로 그는 군 입대 전까지만 해도 실력이 출중했던 한 제자가 제대하여 복학한 뒤 수업에 거의 집중 못 하는 것을 보았다. 상담해 보니 군대에서 수도 없이 경험한 구타 때문에 무엇을 하건 그런 장면이 떠올라 집중이 잘 안 된다고 하였다. 이 학생은 전방 가까운 특무부대에서 근무한 터라 정도가 심한 경우라 볼 수 있겠다. 하지만 남자들이 군대에서 제대한 뒤 사회에 적응하기까지 다소 어려움을 겪는 것은 엄연한 사실이다.

한국사를 전공한 박노자에게 가장 중요한 역사적 교훈을 예로 들라면 뭐라고 답할까? 그는 한국사에서 다민족 국가들이 단일민족의 국가들보다 훨씬 자주적이고 선진적이었다는 이야기를 늘 강조해 왔단다. 이는 '대한민국은 단일민족국가'라는 그릇된 이데올로기에 세뇌된 사람들이 빠지기 쉬운 폐쇄적 국수주의의 환상을 깨뜨리기 위함이다. 박노자에 따르면 고구려의 광대한 영토와 강한 군사력은 다종족적·다문화적 포용정책에 의해 가능했다. 이 자명한 사실을 오늘날 대다수 한국인들은 마치 없었던 일처럼 망각하고 산다. 저자는 많은 고민 끝에 한국인으로 귀화하였다. 그가 이런 어려운 결정을 내린 주요 배경에는 '폐쇄적 단일 민족관'에 사로잡힌 많은 한국인들에게 하나의 화두를 던지려는 의도가 있었다. 박노자는 지금까지 한국의 민족주의가 얼마나 허구적이었는가를 '혈통주의를 부정한 재외동포법'을 실례로 잘 보여 준다. 현 '재외동포법'에 따르면, 1948년 정부 수립 이전에 외국으로 이주한 동포들을 '재외동포'의 개념에서 제외하고 있으므로 중국·구소련·무국적 재일 동포들이 법적으로 '동포'의 지위를 얻지 못하고 있다고 한다. 나는 최근까지 중국동포들을 '재중동포'라고 하지 않고 왜 조선족이라고 즐겨 부르는지 이해할 수 없었다. 이토록 실정법으로 그들을 배제하고 있었다는 사실을 전혀 몰랐던 것이다.

박노자가 볼 때 오늘날 많은 한국인은 중국 동포의 배제를 자연스럽게 받아들이고 귀화한 외국인마저 이질시한다. 그는 이런 '한국적 자기 민족 중심주의'의 유형을 근대화 과정에서 형성된 배제와 통제의 방법인 '국가주의적 민족중심주의'라고 규정한다. 아직도 연령/계층 간의 불평등·인종주의적 편견과 폭력·외국인 차별이 만연한 한국사회는 과연 저자의 바람처럼 변화할 수 있을까? 이 책을 통해 자신의 일그러진 얼굴을 발견한 한국인들의 깊은 반성과 실천만이 그것을 가능케 할 수 있으리라. 박노자는 한 방글라데시 이주 노동자의 분노에 찬 다음 발언을 한국인들에게 꼭 들려주고 싶다며 인용한다.

> 아니, 백인 미국인 앞에서 절절 매고 꼼짝 못 하는 사대주의자들이 왜 우리를 만날 짓밟아야 해요? '지렁이도 밟으면 꿈틀한다'는 속담을 가진 민족은, 과연 우리들을 지렁이만도 못하는 존재로 보는 것이요 무엇이요?

한국체류 중국동포, 그들은 누구인가?

리혜선,
『코리안 드림, 그 방황과 희망의 보고서』(아이필드, 2003)

매주 화요일이면 외국인 보호소에 찾아가 예배를 인도한다. 작년 봄, 보호소에 있던 한 중국동포(조선족)와 우연치 않은 만남을 계기로 이렇게 예배를 드리게 된 것이다. 참석자들은 대부분 한국어가 가능한 중국동포들이다. 거의 신앙경험이 없는 분들이지만, 누구보다 진지한 자세로 예배에 임하기에 인도하는 내가 은혜받을 때가 많다. 예배가 끝나면 두 분 정도 꼭 면회한다. 이렇게 면회를 거듭하는 동안, 같은 동포이면서도 외국인 취급을 당하며 강제퇴거를 앞둔 중국동포란 과연 누구인지 고민하지 않을 수 없었다. 내가 접하는 중국동포에 대한 단편적인 이해 수준을 벗어나 좀 더 거시적인 차원에서 그들의 현실을 이해하고 싶었다. 그런데 때마침 한국체류 중국동포에 대한 종합보고서라고 해도 좋을 『코리안 드림……』이 나와 읽게 된 것은 큰 행운이었다. 단지 내 개인적인 관심이 아니더라도, 중국과의 관계나 한반도 통일에 있어 지렛대 역할을 맡고 있는 중국동포를 깊이 이해하기 위해 이 책은 앞으로 매우 중요한 기여를 하게 될 것이라 믿는다.

저자 리혜선은 연변 출신의 중견작가다. 우리가 잘 모르는 중국동포들의 삶과 애환이 고스란히 담긴 빼어난 작품들을 잇달아 출간해 주목받고 있다. 그의 작품은 깊은 동포애를 바탕으로 냉혹한 현실을 비껴가지 않으면서도 그것을 극복할 수 있는 희망을 불어넣어 준다. 아마도 한때 숨 가쁜 현장을 뛰어다니던 기자 경험을 충분히 거쳤기 때문일 것이다. 장편 르포 형식을 취한 이 책에는, 심층취재를 잘도 해나가는 저자의 끈질긴 기자 기질과 작가다운 멋진 글 솜씨가 유감없이 발휘되어 절묘한 조화를 이룬다. "차라리 직접 혼자 쓰고 말지……"라는 푸념이 절로 나올 정도로 숱한 사람들을 만나면서 인터뷰하고, 그것의 가닥을 잡아 기록으로 정리해 옮기기란 생각처럼 결코 쉽지 않다. 더구나 이 책은 단순한 사실과 정보를 전달하는 데서 그치지 않고 독자로 하여금 겨레가 당면한 현실을 함께 씨름하지 않을 수 없게 만든다. 각 장마다 <취재수첩>이라는 형태로, 작가 자신의 인간적 고뇌와 중국동포 문제에 대한 해결의 실마리가 담긴 글들을 실어 생생한 르포 문학의 수준을 높여 주고 있다.

이 책에는 돈 벌러 나왔다 불법체류자가 된 사람들과, 유학생이나 교수 같은 지식인 그룹 등 크게 두 부류의 사람들이 등장한다. 저자가 만난 숱한 사람들 중에, '오용'이라는 인물은 중국동포의 이민사를 꿰뚫는 전형이라고 할 만큼 매우 인상적이다. 그는 중국 문이 열리던 1989년부터 무려 여섯 차례나 한국을 드나들었고 불법체류자로 12년째 생활하는 풍운아다. 그래서 그런지 꽤 비중 있게 다뤄진다. 오용이 작가를 만나 비분강개하며 자신의 이 이야기만은 당신의 책에 꼭 적어 넣으라고 한 대목은 가슴을 후빈다.

> "중국서 오십 년 거의 살았어도 죄 한 번 안 짓고 살았는데, 고향땅에 와서 불법체류 한 가지가 죄 되어 평생 처음 수쇄란 걸 다 차보고 고향 친척 등지고 갈 때에 한이 맺혔다. 형제들 이종, 고종 다 여기 사는데 중국에서 살았다는 이유 때문에 수쇄를 차다니, 낙후한 중국에서 산 죄로…… 눈물이 아닌 피눈물이라는 것, 이걸 써야 돼! ……"

올해 초(2005년) 새해를 맞아 보호소 첫 예배를 드리던 날을 잊을 수 없다. 당시 본래 예배 희망자는 분명 15명이었는데 어찌된 영문인지 딱 세 명만 참석했다. 알고 보니, 예배드리는 종교실까지 가는 이 동구간에 혹시 발생할지 모를 돌발 사태에 대비해 보호소 측에서 계구를 차게 했던 것이 화근이었다. 그때처럼 중국동포들이 크게 분노한 것을 본 기억이 거의 없다. 앞서 오용의 말은 결코 과장이 아닌 것이다. 다행히 현재는 보호소도 피보호 외국인들의 인권을 감안하여 계구 착용을 가능한 한 최소화하려 애쓰는 것 같다. 그렇다 해도 고국이라고 찾아왔다가 불법체류자로 단속되어 보호소에 갇히고 강제 퇴거를 당해야만 하는 중국동포들의 상한 감정을 누그러뜨리기엔 여전히 한계가 있을 수밖에 없다.

이 책에서 작가는 "물은 내리흐르고 사람은 올리 흐른다."면서 저임금 지대에서 고임금 지대로 사람들이 이동하는 것은 세계적인 추세임을 상기시킨다. 서로가 함께 잘살지 않는 한 중국동포들이 온갖 방법을 동원해서라도 '기회의 땅' 한국을 찾는 것을 막지 못한다는 것이다. 특히 여성들이 잘사는 나라로 시집가려는 것은 인지상정이기에, 위장결혼도 불사하는 중국동포 여성들의 대거 이탈로 지금 중국동포 노총각들의 결혼난이 매우 심각한 지경에 이르고 있음도 알려준다. 한국의 노총각들 중에 중국동포 결혼 사기 피해자들이 많다지만, 중국동포가 겪고 있는 고통 또한 결코 만만치 않았다. 실제로 위장 결혼한 중국동포 여성들이 처한 상황은 매우 안타깝다. 현재 한국은 위장 결혼을 막기 위해 국제결혼을 한 지 2년이 지난 후에야 주민등록증을 내주고 있다. 이런 까닭에, 신고의 위협이 두려운 위장 결혼녀들은 2년 동안 육체적으로나 물질적으로 남편과 브로커들의 갈취 대상이 되는 경우가 허다한 실정이다. 이에 대해 작가는 원론적이면서도 균형 잡힌 시각으로 문제의 핵심을 찌른다.

애초에 남자가 사진 한 장 달랑 들고 무작정 결혼을 목적으로 중국에 선보러 간 것이 잘못이고, 애초에 여자가 한국을 목적으로 남자를 만난 것이 잘못이었다. 여자는 잘 못산다는 이유로 또는 잘살겠다는 이유로 자기를 상품화하지 말았어야 했고, 남자는 여자의 결혼 동기가 진정이냐 아니냐에 대한 판단을 정확히 하기 전에는 경솔히 결혼을 결정하지 말았어야 했다…… 쌍방은 인간 대 인간의 만남을 추구해야만 진정한 사랑을 만날 수 있으며, 그러지 않을 경우에는 피차 이용되는 수밖에 없다.

작가 리혜선의 언니와 형부는, 한국 초청 사기사건에 말려들어 7년을 고생하다 결국 그 충격을 이기지 못하고 젊은 나이에 일찍 사망했다고 한다. 이런 개인적인 불행에도 불구하고 작가는 '문이 열리면 좋은 공기, 나쁜 공기 다 들어오기 마련'이라면서 한국에 대한 안 좋은 선입견을 버리고 균형 잡힌 시각을 유지하고자 무던히 노력하고 있다. 심지어 중국동포가 고국을 이해하는 입장에 서 보도록 권하기도 한다. 이 작은 나라가 전쟁의 폐허를 딛고 지금의 한국을 일으켜 세우기 위해 얼마나 많은 피땀을 흘렸을 것인지 생각해 보자는 것이다. 이런 고국에 와서 돈을 벌어 한국이 아닌 다른 나라 중국에 가서 쓰는 것에 대해 감사하게 되면 원망의 마음은 지금보다 훨씬 줄어들 것이라는 이야기였다. 그러면서 중국동포들이 민족감정에만 너무 치우치지 말고 한국의 법체계를 인정하는 냉정한 자세를 가질 것과, 앞으로 대등한 위치에서 대화할 수 있기 위해 무엇보다 실력을 키울 것을 호소하고 있다. 한국을 향해서도 다른 사람의 입을 빌려 "국내에 체류 중인 십만 중국동포도 제대로 포용하지 못하면서 2천만 중국 동포를 어떻게 포용하겠느냐?"고 쓴소리를 던지기도 한다.

작가의 판단에 따르면, 중국동포는 현재 커다란 격변기를 지나면서 고국에 대한 인식을 점차 새롭게 하고 있다. 동포에 대한 막연한 민족적 감정에서 벗어나 달라진 상황과 냉엄한 현실을 보기 시작했다는 것이다. 지금 중국동포는 자칫하면 중국에서도, 고국에서도 버림받고 부평초처럼 표류하게 될지도 모른다는 큰 위기의식을 가지고 있는 것 같다. 어렵사리 지켜온 민족정체성도 모두 사라지고 중국동포 사회 자체가 없어질 수 있다는 위기감이다. 이런 우려는 중국동포의 문화와 한글을 가르치는 초등학교가 하나둘 문을 닫으면서 더욱 심화되고 있는 것 같다. 한국의 장래를 위해서도 이는 결코 좋은 일이 아니다. 이 책의 지적처럼, 중국 내에서 중국동포가 튼튼히 뿌리

내리고 발전해 나갈 수 있도록 한국이 전략적으로라도 도와야 하지 않을까 하는 생각이 든다. 그러면서도 한편으론, 중국동포들이 실력도 기르고 발전하는 것도 필요하지만 인간은 안중에 없이 경쟁과 효율만을 최고의 가치로 숭상하는 자본주의의 악습에 그대로 찌들까 봐 걱정이다.

Ⅳ. 대안신앙으로 가는 오솔길

현대사회를 사는 목회자의
영적 실존에 대한 해명

헨리 나우웬/최원준 옮김,
『상처입은 치유자』(두란노, 2001)

　　20세기 탁월한 영성가로, 국내에도 이미 잘 알려진 헨리 나우웬 (1932~1996)은 예수회에 소속된 신부이면서도 어쩌면 개신교인들에게 더 친숙한 인물이다. 이것은 그가 낡은 교리적 언어의 틀에 그대로 갇혀 있지 않고, 심리학자로서 현대인들이 겪고 있는 정신적 불안과 갈등을 감각 있게 잘 표현해 내곤 했다는 사실과 무관하지 않을 것이다. 나우웬은 특히 크리스털 교회에서 1992년 행한 설교들이 <능력의 시간>이라는 TV 프로그램에 방영된 것을 계기로 개신교인들에게 폭발적인 호응을 얻게 되었다고 한다. 수많은 저서들 중에서, 『상처입은 치유자』(1972)는 분량이 얇은 책이면서도 그에게 큰 명성을 안겨다 준 출세작에 속한다. 이 책에서 나우웬은 현대사회를 살아가는 목회자란 무엇을 의미하는지를 간결하지만 명쾌하게 밝힌다.

그가 집약해 낸 이 시대 목회자 이미지는 책 제목이기도 한 '상처입은 치유자'이다. 언뜻 형용모순인 것처럼 보이는 그의 이 개념은, 목회자란 이 시대의 고통에서 일정하게 비켜선 제삼자가 아니라 그것을 똑같이 경험하는 자로서 다른 사람들의 아픔을 치유하도록 소명받은 자임을 말해 준다. 다시 말해서 자기가 경험한 고통을 깊이 깨닫고 그 기억을 심화함으로써 다른 사람들의 고통에 동참하여 치유해야 하는 자가 목회자라는 것이다. 저자 나우웬이 보기에, 오늘의 시대는 물질적인 풍요 속에서 살면서도 의미와 목적을 상실한 인간들로 넘쳐난다. 그는 정신사가(精神史家) 맆톤의 분석에 따라, 불안한 핵시대를 사는 현대인이 역사적인 단절, 단편적 이데올로기, 불사(不死)의 추구라는 세 가지 주요 특징을 가지고 있음을 말하고 있다. 따라서 핵시대에 인간은 가족·사상체계·종교·생애주기 등과 단절되어 있기 때문에 전통적 그리스도교의 가르침에 더 이상 공명(共鳴)하지 않는다.

나우웬은 이러한 어두운 시대 상황에서 인간이 해방될 수 있는 유일한 두 가지 길은 신비가나 혁명가가 되는 길이 있다고 본다. 그러면서 그리스도인은 이 두 가지를 통합하는 예수의 길을 따르는 자임을 잘 말해 준다. 그의 이러한 통찰은 영성가이자 사회운동가였던 토마스 머튼이나 까르데날의 생각과 그대로 일치한다. 단지 이론적인 데서만 일치하는 것은 아니다. 이 책이 출간된 무렵, 나우웬은 마틴 루터킹 목사를 중심으로 일어난 흑인민권 운동과 베트남 반전운동을 지지하며 직접 참여하기도 했다. 나우웬의 생각은 영적인 사람들은 사회적이고 정치적인 이슈들에 무관심하게 되고, 착취와 차별에 대한 투쟁에 열심인 사람들은 기도와 성경에 관심이 없다는 식의 오랜 편견을 깨뜨린다. 즉 참된 관상가(觀想家)는 자기 속으로 침잠하여 은둔해 버리는 비겁자가 아니라 혁명가여야 하며, 참된 혁명가는 치열한 해방투쟁의 과정에서도 자신의 거짓된 욕망을 날카롭게 꿰뚫어 볼 줄 아는 관상가여야 대안적인 새 세계를 열어갈 수 있다는 것이다.

저자 나우웬은 이 세대를 '뿌리 없는 세대'라고 칭하면서, 그 특징을 내향적이고 부친을 상실한 발작적인 세대라고 파악하고 있다. 그가 보기에 이 시대 사람들은 단편적이고 단절된 실존의 한가운데서 불사(不死)의 새로운 형상을 추구하고 있다. 그들은 두려움 없이 자신을 바칠 수 있는 하나의 이상(신앙)을 필사적으로 찾고 있으며, 강요받지 않는 자유로운 공간을 구하고 있다. 그래서 나우웬은 이들 세대를 이끌어 갈 내일의 지도자는 내적 사건에 대한 명확한 식별과 공감의 능력을 갖춘 '명상하는 비판자'라고 말한다. 그러나 지금의 대다수 교회 지도자들이 중대한 영적 변화에 별로 준비가 되어 있지 않았음을 다음과 같이 날카롭게 지적한다.

> 이 사실을 인정하는 것은 정말 괴로운 일이지만, 대부분의 기독교 지도자들은 진정한 의미의 영적 지도자가 될 준비가 잘 되어 있지 않습니다. 그들 대부분은 대규모 조직의 관점으로 생각하는 데 익숙합니다. 사람들을 교회, 학교, 병원 등에 불러 모으는 일에 익숙하고, 서커스 감독처럼 쇼를 진행하는 데 익숙합니다. 그러나 그들은 깊고 의미심장한 영적 움직임에는 익숙하지 않으며, 두려워하기까지 합니다. 교회의 가장 기본적인 임무는 인간 생명의 원천과 의사소통할 수 있는 창조적 방법들을 사람들에게 제시하는 것입니다.

나우웬의 정의에 따르면, 그리스도교 지도자는 도움을 구하러 오
는 사람들에게 자신의 명확하게 표현된 신앙을 즐겁게 제공하는 사
람이며, 자신이 보고, 듣고, 만져본 것(요일 1:1), 즉 자신의 체험을 전
해 주는 사람이다. 그리하여 목회자는 대화·예전·교육 따위의 모든
목회활동으로 하나님의 역사가 자신 안에서 행해지고 있다는 사실을
깨닫게 하는 자라는 것이다. 그는 또한 자기 존재의 근거를 발견하려
는 사람들을 도와 인간은 인간이고, 하나님은 하나님이며, 하나님 없
이 인간은 인간이라고 불릴 수 없다는 기본적인 신앙고백으로 인도
하는 자이다. 따라서 목회자의 설교도 단지 전통을 건네주는 것이 아
니라, 사람들이 마음속으로만 어렴풋하게 알고 있던 것을 명확한 언
어로 표현하여 깨닫게 해 주는 것이 되어야 한다고 나우웬은 말한다.
이를 위해서 목회자는 자기 안에서 일어나는 일을 잘 식별하고, 현재
진행 중인 것들을 비판적으로 바라볼 줄 아는 명상가가 되어 자기 자
신의 소명에서 오는 통찰에 입각하여 결단을 내려야 하는 존재다.

나우웬이 말하는 목회자가 지닌 상처의 실체는 무엇보다 '고독'이
라는 한 단어로 압축된다. 이는 심히 고통스러운 것인데, 목회자로서
가지는 전문직의 의미 변화와 경쟁의식의 증대가 이 상처를 더 가중
시키는 원인이 되고 있는 것으로 분석한다. 나우웬이 보기에 이 시대
의 목회자는 인간 삶의 중심에 들어가 접촉하고자 하나, 도무지 끼어
들 자리가 없이 찬밥신세에 놓여 있다. 자신의 상처를 추스르기도 힘
든 마당에, 그 상처를 원천 삼아 다른 사람들의 상처에 공감하고 그
들의 고통을 나눠야 하는 목회자의 소명은 무척 어려운 것이다. 그러

나 목회자는 낯선 타인들을 기꺼이 맞아들임(환대)으로써 '고독'을 자신과 이웃의 상처를 치유하는 원천으로 바꿀 수 있다는 것이 저자의 생각이다. 나우웬은 그의 다른 책 『영적 발돋움』에서도 고독과 환대의 주제를 더욱 심화하는데, 거기서 그는 '환대(hospisality)'는 기독교 영성의 핵심이라고 말한 바 있다. 환대를 위해서는 여유로운 마음의 빈공간이 있어야 하므로, 명상/관상으로 인도하는 집중이 저절로 환대의 전제조건이 된다. 물론 이 모든 것은 비단 목회자에게만 해당될 법한 이야기는 결코 아니다. 그리스도인이라면 누구나가 기도로 자신의 내부를 깊숙이 들여다보고, 상처받고 희망 없이 살아가는 주위의 이웃들의 고통에 동참하고 환대하도록 부름받았기 때문이다. 현대사회에서 그리스도교의 실질적 지도력은 바로 여기서 비롯된다.

어떤 기독교 지도자가 참된 지도자가 되기 위해 필요한 것은 새로운 생각을 발표하고 다른 사람들에게 그 가치를 납득시키려고 노력하는 것이 아닙니다. 기대에 찬 눈으로, 세상의 잠재력을 가리고 있는 장막을 걷어 버릴 수 있는 식견을 가지고 세상을 직시하는 것입니다. 크리스천 리더십이 사역으로 불릴 수 있는 것은 그들이 다른 사람들을 섬기는 가운데 새로운 생명이 발현되기 때문입니다. 그런 섬김을 통해 사람들은 길거리 도로의 갈라진 틈새에서 꽃이 피는 것을 볼 수 있고, 증오와 적대감 속에서도 용서의 말을 들을 수 있으며, 죽음과 파괴의 장막 밑에서 새 생명을 느낄 수 있게 됩니다(104쪽).

타락과 속량의 영성을 넘어 창조영성으로

매튜 폭스/황종렬 옮김,
『창조영성의 길라잡이 원복原福』(분도, 2001)

영성(spirituality)에 대한 폭발적 인기는 식기는커녕 동서양을 막론하고 한층 더 가열되는 양상이다. 과학기술 문명의 눈부신 발달과 전 지구적 자본주의의 급격한 진전은 표면적으로는 물질적 풍요를 가져왔으나, 내면에서는 현대인에게 극심한 불안감과 영적 허기를 불러일으키고 있기 때문이다. 영성이 널리 회자되는 만큼 이제는 그 폐해도 우려하지 않을 수 없는 지경에 이르렀다. 도피적·엘리트적 영성이 마치 제 세상이나 만난 듯 버젓이 고개를 쳐들며 활개 친다. 더욱이 인간의 영혼을 파멸시키고도 남을 아편 같은 사이비 영성마저 독버섯처럼 번져 가고 있는 형국이다.

이러한 문제점을 인식한 철학자 지젝은 그의 책 『믿음에 대하여』에서 그리스도교 이후의 시대적 대안으로 떠오르고 있는 '서구화된 불교'야말로 사실상 자본주의의 완벽한 이데올로기적 보충물로서 기능하는 물신(物神)에 해당한다고 날카롭게 꼬집은 바 있다. '서구화된 불교'의 명상적 거리가 현대인으로 하여금 적당히 마음의 평정을 유지하게 하면서 광란의 자본주의에 참여하게 만드는 가장 효율적인 방식으로 작동하고 있음을 꿰뚫어 본 것이다. 그러나 어디 '서구화된 불교'뿐이겠는가. 따지고 보면 그리스도교 일반은 물론이고 그 밖에 어느 종교든 이 점에서 결코 자유롭지 못하다. 현재 위태로운 곡예를 펼치고 있는 자본주의 체제에 대한 예언자적 비판성을 상실하고 그에 길들여진 영성이라면 그 어떤 것이든 마찬가지라 본다.

그렇지만 영성 신학자 매튜 폭스가 시대적 대안으로 제시하는 '창조영성'이라면 한번 주목해 볼 만하지 않을까 싶다. 그는 용도폐기 되어 거의 파산하다시피 한 서구 그리스도교 영성이 어디에서부터 길을 잘못 들어섰는지에 대한 연원을 추적하고, 그동안 거의 잊혀 있던 창조영성의 전통을 복원하여 알기 쉽게 정리해 냈다. 이 책 『원복』은 그가 줄기차게 외쳐대는 '창조영성'의 입문서로서 창조영성이라는 오래된 미래의 한 영성 패러다임을 우리에게 소개해 준다. 폭스가 말하는 '창조영성'은 아우구스티누스와 토마스 아 켐피스로 이어지는 타락/속량 중심의 전통적 영성과는 크게 대조되는 영성으로서 중세의 신비가인 에크하르트에게 많은 빚을 지고 있다.

서양신학의 아버지격인 아우구스티누스는 생애 후반기에 원죄(原

罪)론을 개발하였는데, 그것이 이후의 교회에 끼친 영향은 실로 막대한 것이었다. 개신교나 가톨릭 가릴 것 없이 수세기 동안이나 타락/속량이라는 이분도식에 매달려 그 길을 걷느라 에너지의 95%를 온통 소진하였다. 그 사이 정작 훨씬 더 중요한 창조와 축복, 생명의 하나님은 뒷전으로 밀려나고 말았다. 저자 폭스에 따르면 전통적 타락/속량의 영성이 지금까지 우리를 이끌어 온 곳이란 기껏해야 성차별·군사주의·인종차별·원주민 종족살해·생태계 파괴·소비적 자본주의와 폭력적 공산주의 같은 이른바 저주의 무덤들이었다. 때문에 그는 인류가 앞으로 살아남기 위해서라도 더 이상 낡은 원죄교리에 매달려서는 안 된다고 본다. 그보다 훨씬 오래된 원복(Original Blessing)에 기초한 창조영성이라는 패러다임으로 시급히 전환할 것을 요청한다.

이 책은 창조영성으로 가기 위해 비아 포지티바(긍정의 길), 비아 네가티바(부정의 길), 비아 크레아 티바(창조의 길), 비아 트란스 포르마티바(변모의 길)라는 크게 네 가지의 변증법적인 여정을 말한다. 긍정의 길에서는 창조 세계에 대한 감사와 황홀, 겸손한 땅의 아들로 거듭나기, 우주적 의식과 조화, 유일신론이 아닌 만유내재신론, 실현된 종말론, 신뢰와 환대 등 열 가지의 세부적인 갈림길이 나온다. 이어 부정의 길에서는 창조를 위한 고통, 십자가, 어둠의 깊이를 성찰한다. 이 부정의 길은 예쁜 아기를 낳기 위해 반드시 수반되는 산고와 같이 철저한 비워짐과 침묵의 길이다. 그러나 이 길은 금욕주의와 고행같이 타락/속량 중심의 영성에서 요구하는 것과는 차원이 다르다. 가령 유명한 이냐시오의 영신수련은 웃음을 삼갈 것, 방을 캄캄하게 할 것, 자신을 채찍으로 치거나 가벼운 상처를 내는 것 같은 육체적 고행을 권장한다.

반면 창조영성은 집착과 하나님이라는 이미지조차 떨쳐 버리고 어두움과 무(無)를 있는 그대로 바라보고 맛보기 위한 침묵을 가르친다. 이러한 우주적 축복과 긍정의 길, 그리고 어둠과 침묵 같은 부정의 길은 창조의 길로 이어진다. 이 창조의 길에서 폭스는 우리 안에도 신적인 창조력이 있다는 사실에 착안하여 자신의 창조력에 사랑의 고삐를 매고 예술이라는 날개를 달아주라고 한다. 이 창조의 길에서는 결단의 때이므로 특정 이미지를 택하여 투신하라고 하며, 창조를 위한 수고를 아끼지 말라는 주문이 이어진다. 끝으로 변모의 길은 아나윔(잊힌 자들, 눌린 자들)의 고난에 동참하는 자비(Compassion)로의 성숙과 포르노와 구분되는 에로틱의 회복 그리고 예언자가 되라는 요구다. 이를테면 핵무기를 만드는 것같이 방향이 엇나간 인간의 창조성을 바로잡고, 하나님과의 공동창조자로서 변혁에 적극 동참하여 메마른 이 땅이 푸름을 회복하도록 잘 가꾸고 돌보라는 것이다.

폭스는 긍정의 길을 육화, 부정의 길을 십자가, 창조의 길을 부활, 변모의 길을 성령으로 표상하여 우리의 이해를 돕는다. 그만큼 창조영성은 매우 포괄적이며 폭넓은 차원을 동시에 담아내고 있어서 머지않아 매우 설득력 있는 영성이론으로 자리매김할 것 같다. 그러나 너무 정교한 체계를 갖추었다는 점이 어쩌면 커다란 약점이 될 수 있을지도 모르겠다. 또한 저자가 서구 중심의 영성적 전통에 대한 집착을 강하게 내비치고 있다는 점도 걸린다. 그는 이렇게 적고 있다.

물리학자 프리초프 카프라는 종교적 지혜를 찾아 동으로 갔거니와,
우리네 뿌리는 서양에 있고 과학자들의 뿌리도 서양에 있으므로,
서양의 창조 중심 영성전통을 재발견한다면 과학과 종교의 전체론
적 운동은 더욱 빨라지리라(14쪽).

　이것이 만연한 동양 중심의 영성에 대한 반작용에서 나온 것인지
는 모르겠다. 하지만 지금은 오리엔탈리즘(동양 비하론)에 대한 비판
이 거센 시대다. 이런 때에 동서양을 가르고 1세계 중심의 영성신학
전개 의욕을 피력한 것은 시대착오로 보인다. 부록에서 타락/속량의
영성과 창조영성을 단순 대조하는 데서 드러나듯이 저자 자신마저도
창조영성이 거부한다는 이분법적 흑백논리에 빠지는 자가당착을 보
여 주고 있는 게 아닐까도 의심스럽다. 아우구스티누스와 토마스 아
켐피스가 남긴 해악은 충분히 이해할 만하다. 하지만 그들을 마치 악
의 화신처럼 만들면서까지 창조영성을 부각시키려 한 것은 결코 온
당한 처사로 보이지 않는다. 한 사람이 시대의 아들로서 생각할 수
있는 것과 없는 것을 엄정히 고려한다면 이러한 무리한 도식적 평가
는 어느 정도 막을 수 있을 것이다. 이 외 몇 가지 더 드러나는 약점
에도 불구하고, 창조영성은 아나윔·정의·여성·생명·과학·우주를
포괄하는 대안적 영성 패러다임으로 상당기간 각광받으며 발전해 나
갈 것 같다.

우주 삼라만상은 하나님이 보낸 사랑의 편지

에르네스또 까르데날/김영무 옮김,
『침묵 속에 떠오르는 소리』(분도, 1977)

신학자 본회퍼는 "신비가들의 하나님만이 정말 믿을 수 있는 하나님"
이라고 말한 바 있다. 이 책을 읽는 내내 그 말이 머릿속에 저절로 맴돌
았다. 저자 까르데날 신부(Ernesto Cardenal)는 골치 아픈 신학이론이나
메마른 교리에 갇힌 하나님이 아닌, 침묵 수련을 통해 자연만물 가운데
서 만난 생생한 하나님 체험의 신비를 들려주고 있기 때문이다. 그는 중
남미를 대표하는 시인 중 한 사람이다. 그래선지 완전한 사랑이신 하나
님이 삼라만상을 통해 우리에게 어떻게 사랑의 편지를 보내고 계시는

가를 그의 예민한 직관과 타고난 시적 감각으로 산문시처럼 잘 표현해
낸다. 까르데날은 온 우주 자연만물에 깃든 하나님 사랑의 신호를 발견
하고서 황홀한 탄성을 연발하고 있는 것이다. 겟세마니 트라피스트 수
도원은 우주적인 사랑에 몹시도 굶주렸던 까르데날을 하나님과 내밀한
교제로 이끄는 '사랑의 정원'이 되어 주었음에 틀림없다. 그 정도로 이
책은 아래와 같은 하나님에 대한 곡진한 사랑의 노래들로 그득하다.

> "자연은 모두 다 <사랑>이다. 하지만 이런 사랑을 몸으로 겪으며
> 사는 사람은 신비주의자들뿐이다. 하느님의 사랑이 사방에서 우리
> 를 포위하고 있다. 그분의 사랑은 우리가 마시는 물이요 숨 쉬는
> 공기요 우리가 바라보는 빛이다. 물고기가 물속에서 헤엄치듯 우리
> 는 그의 사랑 속에서 활동한다. 그러나 우리는 그것을 깨닫지 못하
> 고 있으니, 우리가 그분과 너무 가까이 있으며 그분의 사랑과 선물
> (우리 자신도 이 선물 가운데 하나이지만)을 만끽하고 있어서 사실
> 을 투시할 발판을 갖지 못한 때문이다. 그분의 사랑이 사방에서 우
> 리를 에워싸고 있지만 우리는 대기의 압력을 느끼지 못하듯 그것
> 을 느끼지 못하고 있다." <들에 핀 백합> 중에서

이 책의 서문을 쓴 사람은 뛰어난 영성가이자 저술가로 널리 알려
진 토머스 머튼(Thomas Merton)이다. 그는 까르데날 신부가 트라피스
트 수도원에서 2년 동안 머물렀을 무렵 그 수도원의 수련장으로 일하
고 있었다. 머튼은 이미 가르치는 사람으로 영혼이 훌쩍 성숙한 까르
데날을 높이 평가하고, 이 책에서 그가 말하고자 하는 거룩한 사랑의
알짬이 무엇이었는가를 자신의 의견을 덧붙여 친절하게 해설해 준다.
머튼이 보기에 사랑이란 행동이며 자유의 절정이고 인격화된 의식의
극치다. 따라서 사랑하는 방법은 사람이 마음 자세를 가다듬기만 하
면 삼라만상에게서 언제라도 배울 수 있다. 삶 자체가 사랑이므로 참

되게만 살면 삶이 사랑을 우리에게 얼마든지 가르쳐 주고 있다는 얘기다. 일찍이 까르데날은 시인이자 혁명가로서 친구들과 더불어 니카라과 소모사 독재정권에 맞서 사력을 다해 저항했다. 하지만 4월 혁명이 실패로 돌아가자, 정치와 문학 대신 전적으로 하나님을 위해 일하기로 결심하고 트라피스트 수도원의 문을 두드렸다.

이 당시 까르데날은 지옥 같은 현실에서 이탈하여 내면으로 도피할 작정이었다. 그러나 토마스 머튼은 그에게 신비적으로 사는 것은 자기를 세계의 모든 문제들로부터 단절시키는 것을 의미하는 것이 아님을 일러 주었다. 내면적 혁명과 외면적 혁명이 둘이 아니라 하나로 연결되어 있음을 일깨워 세계에 대한 총체적인 시각을 갖게 해 준 것이다. 이제 까르데날은 미움·잔인성·악조차 방향을 잘못 잡은 좌절된 사랑임을 알게 되었다. 그러고 보니 사람은 누구나가 사마리아 우물가의 여인처럼 하나님의 사랑에 대한 목마름을 간절히 느끼고 있으나 그 사랑을 자꾸만 엉뚱한 곳에서 찾으니 온갖 문제를 낳고 있었다. 인간의 모든 행위, 다시 말해 범죄·전쟁·탐험·증오·학문·노래·슬픔·음모 같은 것들은 모두다 하나님의 사랑을 구하는 달랠 길 없는 욕망의 표출이었던 것이다. 마침내 까르데날은 세상만물의 가장 작은 조각마다에도 하나님의 지문이 찍혀 있음을 보기에 이르렀다. 때문에 그는 인간의 존재 이유와 유일한 의미를 하나님을 사랑하고 그의 나라를 구하는 것에 있다고 힘주어 강조한다.

> "물총새는 물고기를 잡도록 만들어졌고, 붕붕 우는 벌새는 꽃의 꿀을 빨도록 만들어졌듯이, 사람은 하나님을 묵상하고 사랑하도록 창조된 것이다."

저술가인 이현주 목사도 지천명(知天命)에 이르러 앞서 까르데날과
비슷한 사랑에 관한 깨우침을 다음과 같이 멋들어진 시로 노래하였다.

　　　오늘은 축하할 만한 날이다
　　　오늘 비로소 나는
　　　왜 내가 이 세상에 이런 모습으로
　　　태어나게 됐는지 알았다······
　　　사랑을 배우기 위해서
　　　마침내 순수 사랑으로만 존재하는 법을 배우기 위해서, 나는
　　　위험하기 짝 없지만 그러나
　　　최상의 사랑학교인
　　　여기 이곳으로 보내진 것이다
　　　사랑이 무엇인지
　　　하느님이 무엇인지
　　　이 몸으로 익혀 알게 되기까지는
　　　아직 많이 기다려야겠지만
　　　고마워라, 벌써
　　　내 몸이 많이 가벼워진 걸 느낀다······

이제 까르데날에게 하나님을 사랑하는 일은 유일한 생존의 이유가
되었고 단 한 가지 직업이 될 정도였다. 그는 젊은 시절에 아름다운
처녀들을 맹렬히 사랑했던 그 사랑 이상의 불타는 열정으로 하나님
을 사랑하면서 그 사랑에 대한 고백을 쏟아낸다. 그가 보기에 하나님
은 우리를 '한 묶음으로' 사랑하는 것이 아니라, '개별적으로' 사랑하
시며 한 사람 한 사람 영혼의 독특한 빛깔을 좋아하시는 분이었다.
마치 하나님의 사랑에 완전히 취한 듯한 수도승 까르데날의 사랑의
찬가를 읽노라면, 그가 깊은 침묵수도 생활에 젖다 보니 세상의 살벌
한 현실을 혹시 망각해 버린 것은 아닐까 하는 의문이 생길지도 모르
겠다. 하나 변화산에서 놀라운 신비체험을 하고서, 주님에게 산 아래

로 내려가지 말고 아예 여기에 초막을 짓고 살자던 베드로의 모습이 연상된다면 그건 너무 성급한 판단이다.

곧장 이어지는 이 책의 제2부는 까르데날이 구약의 시편을 참조하여 쓴 현대판 시편들로, 소모사 독재정권하에 놓인 고국 니카라과 민중의 처참한 현실을 고발하며 하나님께 탄원하는 시들이기 때문이다. 이 투쟁과 해방의 현대판 시편은 까르데날의 신앙과 문학, 그리고 정치적 견해가 한데 어우러진 것으로써 많은 사람들에게 감동과 전율을 동시에 안겨 주었다. 그의 시편에는 독재자·강제수용소·비밀경찰·선전·장갑차·고문실 같은 살벌한 단어가 빈번하게 언급된다. 이 시어들은 소모사의 독재치하에서 수천, 수만이 죽어 갔던 니카라과의 암울한 상황과 민중의 고뇌를 간결하면서도 생생하게 그려낸다. 까르데날은 혁명시인이자 수도승답게 구약의 시인들이 권력자들과 이방제국의 극심한 압제에서 신음하며 하나님께 울부짖던 노래를 오늘의 예언자적 민중시로 되살려 낸 것이다.

시편 1

행복합니다 당의 방침 따르지 않고
당원들 모임에 나가지 않는 사람
불한당들 모임에 자리하지 않으며
전쟁모의에 장성들과 함께하지 않는 사람
행복합니다 형제를 염탐치 않는 사람
학우를 헐뜯지 않는 사람
행복합니다 저들의 광고를 읽지 않고
라디오에 귀 기울이지 않으며
구호를 믿지 않는 사람
그는 흐르는 시냇가에 심어진 나무와
같으리니
<행복한 사람> 중에서

조화로운 삶으로 가기 위한 원칙들

스코트 니어링/이수영 옮김,
『그대로 갈 것인가 되돌아갈 것인가』(보리, 2004)

저자 스코트는 그의 아내 헬렌과 더불어 한평생 '조화로운 삶' 곧 자연과 조화를 이룬 생태적 삶을 실천하며 살았던 것으로 유명하다. 놀랍게도 이들 부부는 이미 1930년대 초반부터 번잡한 도시생활을 뒤로하고 시골에 귀농하여 자급자족하는 생활을 꾸려 나갔다. 그렇다고 그들이 사회와 격리된 은둔의 삶을 택했던 것은 아니었다. 오히려 파멸해 가는 도시문명을 구출해 내기 위한 나름의 대안을 마련하고 그것을 실현하기 위한 갖은 노력을 다했다. 이들 부부가 널리 주목받은 까닭은 백년해로를 한다는 것이 무엇인가를 또렷이 보여 주었기 때문이다. 존경받을 만한 높은 이상의 가치를 실천하고 사랑과 건강함으로 장수를 누리며 아름답게 살아갈 수 있다면 누가 그 길을 마다할까? 스코트 자신도 이 책 서문에서 '조화로운 삶'이란 아주 오랜 옛날부터 인류가 꿈꿔 왔던 것으로 특별히 새로울 것은 없다고 말한다. 그는 인간의 생활을 크게 조화로운 삶과 조화롭지 못한 삶으로 나눈다. 그리고 조화로운 삶이야말로 인간과 자연에게 좋고 아름다우며 가장 보람 있는 것으로 본다. 이는 단지 스코트가 세상물정 모르는 이상주의자여서 하는 생각이 아니다. 그의 이런 판단은 유능한 사회과학자로서 세심한 연구와 실천적 검증을 통해 얻어낸 것이다.

스코트는 한때 대학에서 교수생활을 하였다. 그러나 어린이 노동을 착취하는 것에 반대하고 제국주의 전쟁에 반대하다가 두 번이나 강단에서 쫓겨나는 수모를 겪었다. 또한 전쟁의 원인에 대해 쓴 『거대한 광기 The Great Madness』라는 저서 때문에 군 징집과 입대를 가로막았다는 혐의로 연방 법원에 기소되었다가 무죄로 풀려나기도 했다. 대신 그는 학계의 블랙리스트에 올라 더 이상 강단에서 가르치고 말하고 글을 쓰고 책을 펴낼 수조차 없게 되었다. 자신의 원칙과 신념을 그대로 지키고 나아갈 것인지, 아니면 밥벌이를 위해 권력자들에게 용서를 구하고 굴종할 것인지를 결정해야 하는 생의 갈림길에 서게 된 것이다. 이때 스코트는 신중하게 생각한 끝에 평화와 질서·공공선과 사회정의를 확립하기 위해 앞으로 나아가기로 결심했다. 그리고 자신의 신념을 구체화하여 현실에서 실험하고자 했다. 헬렌 니어링은 스코트에 대해 "원칙에 충실하고, 타협하지 않으며, 지적인 변혁가의 면모와 아울러 꾸밈없고 친절하며 현명한 남편"이었노라고 술회한 바 있다. 헬렌의 말처럼 실제로 스코트는 매사에 주도면밀히 원칙과 계획을 세우고 그대로 실행하고자 했던 것 같다. 이 책의 여러 군데에서도 스코트의 그런 흔적을 읽을 수 있다. 그러니 나처럼 되도록이면 헐겁게 살고자 하는 사람에게는 다소 딱딱하고 깐깐하게 비칠 수 있는 면이 없지 않다. 이것은 스코트가 사회과학자로서 갖고 있는 특유의 기질일는지도 모른다. 하지만 부정적인 면보다는 긍정적인 측면이 훨씬 더 많다. 스코트가 제시하는 명확한 원칙들은 우리가 조화로운 삶으로 가는 데 여러모로 유익을 가져다줄 게 틀림없기 때문이다.

이 책에 나오는 몇 가지 원칙들 중 "새 삶을 일구는 데 필요한 기준" 한 가지의 골자만 소개해 보면 이렇다.

> 첫째, 땅과 집과 연장들을 사는 데 드는 돈이 가장 적어야 한다.
> 둘째, 한 집안이든 지역 단체든 자급자족하는 작은 경제를 이끌어
>   나가기 위한 통찰력과 계획과 끈기가 있어야 한다.
> 셋째, 도시와 도시에서 가까운 번화가에서 벗어나야 한다.
> 넷째, 스스로 충만한 삶을 살아가려는 개척자들은 광고와 막강한
>   상술의 압력에 견뎌 낼 준비를 해야 한다.
> 다섯째, 새 삶을 살려는 개척자에게는 엄청난 자제력이 있어야 한다.
> 여섯째, 문명이라는 삶의 방식에서 심리, 경제, 사회 면으로도 벗어
>   나야 한다.

스코트는 서구사회에서 언제부터 조화로운 삶이 깨어지기 시작했는지를 스케치하고 그 근본 뿌리라 할 수 있는 문명 비판으로 나아간다. 그에 따르면 어떤 사회든지 자연을 보호하고 사회의 부조리를 고쳐서 낫게 하며 구성원들이 큰 책임을 느끼는 한 그 삶은 조화로운 삶이다.

스코트는 사람을 비롯한 지구상의 생명체들이 조화롭게 사는 것이야말로 '영성의 삶'이라 말한다. 이 영성의 삶은 도시의 슈퍼마켓에서 돈 주고 살 수 없고 자연과 더불어 생명의 전체성 속으로 녹아들 때라야 얻을 수 있다. 사람마다 행복·자유·생명을 추구한다. 그러나 날이 갈수록 실업과 전쟁, 환경재앙의 불안은 깊어만 간다. 스코트는 편의 제품·문명의 이기·불황·전쟁 등을 서구의 삶의 방식에서 태어난 네 형제로 본다. 그래서 그는 문명에 대해 다음과 같은 하나의 결론에 이른다.

> "지금 서구 사회의 삶의 양식은 경제 면으로 낭비가 많고 경제를 더욱 악화시킨다는 사실이다. 또한 사회로서도 해롭고 걸림돌이 되며 도덕 면에서도 비난을 피할 수 없다. 아무리 상상력을 펼쳐 본들 그 최종 생산물이 조화로운 삶이라고 기대하기는 어렵다."

스코트는 어쩌면 근본주의자와 같은 처방을 내린다. 문명을 벗어나 자연과 더불어 조화로운 삶을 사는 것이야말로 최선이라고 말하고 있기 때문이다. 이쯤 되면 당장에 회의론자나 패배주의자들이 나서서 "인간의 본성상 별수 없다."는 식의 말로 반대하려 들 것이다. 이를 의식한 듯, 스코트는 인간의 욕망은 바뀔 수 있고 우리 눈앞에서 바뀌어 왔다고 주장한다. 그 실제 사례로 담배 피우는 일이나 군인징집을 들어 설명하여 반론을 일축한다. 더욱이 그는 자신의 근본적인 주장이 결코 허황되지 않고 현실에서 실현 가능함을 한평생에 걸친 삶을 통해 입증해 보이기도 했다. 스코트가 줄기차게 말하는 대안인 '조화로운 삶'은 자본주의(개인주의)도 사회주의(집산주의)의 한계도 넘어서자는 것이다. 그러기에 이 책은 불황·오염·전쟁의 소용돌이 속에서 헤어날 줄 모르고 있는 오늘 이 시대에 심각히 곱씹어 볼 만하다.

덜 갖고, 더 많이 존재하라!

헬렌 니어링/이석태 옮김,
『아름다운 삶, 사랑 그리고 마무리』(보리, 1997)

반세기를 함께 살아온 한 부부가 있다. 아내는 고인이 된 남편을 추억하며 한없는 존경과 사랑이 담긴 책을 썼다. 나는 이런 여인을 여태 들어보지 못했다. 이혼이 만연한 이 시대에, 이들 부부는 얼마나 금실이 좋았기에 반백 년을 같이 살았으면서도 그 사랑이 식을 줄을 모를까? 헬렌 니어링이 이 책을 쓴 것은 백발 할머니가 다 된 87세 때다. 당시는 남편 스코트 니어링이 8년 전 백 세의 나이에 먼저 세상을 떠난 상태였다. 헬렌은 남편 스코트와 더불어 살아온 인생을 돌아보며 이 감동적인 기록을 남겼다고 한다. 이제 그녀도 이 세상 사람은 아니다(1995년 사망). 그렇지만 이들 부부가 살아간 위대한 인생의 발자취는 소유 중심의 도시 문명에 찌든 우리 현대인들에게 여전히 큰 울림과 도전을 주고 있다.

헬렌은 유복한 가정 출신에다 신지학회(Theosophical Society) 회원이었고 뛰어난 바이올린 연주가였다. 20대 초반까지는 유명한 인도 명상가인 크리슈나무르티의 연인이기도 했다. 반면 남편 스코트는 한때 명망 있는 경제학 교수였으나, 사회주의자로 반전평화 운동에 헌신하다가 대학 강단에서 내쫓기고 가정에서 버림받은 사람이었다. 나이로도 무려 20여 년 격차가 있고, 살아온 배경도 너무나 달랐다. 그런 헬렌과 스코트를 하나로 이어준 연결고리는 무엇이었을까? 그것은 그들의 깊은 사랑 외에, 그 사랑을 가능케 만든 '가치 있는 삶에 대한 강렬한 지향'이 아니었을까 생각한다. 물론 삶의 궤도 수정은 헬렌이 훨씬 더 많이 해야 했다. 하지만 둘의 지향점이 같아졌을 때 이들 부부는 행복하고 아름다운 삶을 꾸려 갈 수 있었다.

자유분방한 기질로 풍족하게 살아온 헬렌, 철저한 사회주의 혁명가 스코트, 이 두 사람이 만나 적응하기란 좀처럼 쉽지 않았던 것 같다. 그것은 강연 여행 때문에 한동안 집을 떠나 있던 스코트가 헬렌에게 보낸 편지들을 읽어 보면 알 수 있다. 그는 헬렌의 무절제한 자유주의적 습성에 대해 낱낱이 분석하여 비판하고 있다. 어찌 보면 과도한 이 비판을 받아들이고 남편과 한길을 간 헬렌도 참 대단하다 싶은 생각이 절로 들 정도다. 하긴 헬렌은 해박하고 친절하며 완벽한 인간미를 두루 갖춘 남편을 존경하고 따르고자 했다. 여간 해선 그러기도 정말 쉽지 않은데 이들 부부는 죽이 잘 맞아떨어진 것이다. 연애시절, 스코트가 헬렌에게 공장에 들어가 밑바닥 생활을 체험해 보도록 제안한 것은 아주 인상 깊은 대목이다. 바로 이런 체험이 헬렌의 인생을 획기적으로 변화시킨 계기가 되었을 것이다. 얼마 지나지 않아 그녀는 유럽의 상류층 생활을 과감하게 버리고 스코트를 택했으며 그의 평생 반려자가 되었다. 그러면서도 스코트에게 일방적으로 종속되지 않았고 오히려 스코트가 부족했던 면인 예술과 정신영역의 안내자 노릇을 하며 함께 성장했다. 이 부부는 간디·마더 테레사·슈바이처·소로우 등이 걸었던 것과 같은 길을 추구했다. 그리고 그 이상(理想)을 자신들의 특기와 형편에 맞게 아주 훌륭히 실현해 나갔다. 그들은 시골로 들어가 손수 땅을 일궈 농장을 만들고 돌집을 지었으며, 죽는 날까지 자연과 어우러진 검약한 생활을 실천하며 살았다. 한마디로 자급자족하는 '자발적 가난'의 삶을 산 것이다. 그러나 자발적 가난이라 해도 다 같은 종류의 것은 아니라고 본다.

때로 가진 자들이 택하는 '자발적 가난'은 극심한 빈곤의 고통에 시달리는 사람들에게 박탈감만 한층 더해 줄 수 있다. 그들은 언제든 싫증나서 떠나면 그만이겠지만, 빈곤의 대물림을 하는 사람들에게 가난이란 마치 저주와도 같기 때문이다. 그러기에 '자발적 가난'에서 빠져서는 안 되는 핵심적인 요소는 '가난한 자들과의 연대'일 것이다. 오늘날 수많은 사람이 물질문명의 정신적 공허함을 달래기 위해 자꾸만 마음과 산속으로 기어들어 간다. 그들이 니어링 부부의 생활에서 배워야 할 미덕이 바로 사회적 연대가 아닐까 싶다. 니어링 부부는 시골에 들어가 주체적으로 농장을 일구며 살았다. 그러면서도 주경야독하며 자신들이 얻고 깨달은 바를 부지런히 이웃과 나누고자 애썼다. 가령 그들의 책은 근로대중들과의 연대 끈을 든든히 맺고 있었다. 집은 항상 개방했고 거둬들인 농작물은 주위의 필요한 사람들과 나누며 살았다. 오늘날 미국은 세계 자본주의의 종주국이나 다름없다. 이 '오만한 제국'에서 소로우나 니어링 부부는 가히 예언자적 삶을 살았다. 지금의 전 지구를 뒤덮은 소비자본주의는 물질에 대한 인간의 끝없는 탐욕을 부추긴다. 에너지 쟁탈을 위한 더러운 전쟁도 계속된다. 때문에 헬렌의 이 책을 그저 한 번 읽고 말 통속적인 사랑의 수기로 보면 곤란하다. 어두운 현실 속에서 삶의 근본 틀을 바꾸는 혁명적 대안 교과서로 널리 읽혀야 한다.

'초보 농사꾼' 전희식의 농사짓는 이야기

전희식,
『아궁이 불에 감자를 구워먹다』(역사넷, 2003)

혹시 최초의 인간 아담의 직업이 무엇이었는지 아는가? 그렇다. 그는 땅을 일궈 먹고사는 농사꾼이었다. 그러니까 사람이 가진 숱한 직업들 가운데 가장 오래되고 근본이 되는 것은 뭐니 뭐니 해도 농사임에 틀림없다. 하나 지금 이 나라에서 농사꾼은 천덕꾸러기 신세다. 현 농촌은 WTO 농산물 전면개방으로 살길이 막막하다. 그래도 더 이상 내일의 희망을 발견하기란 도무지 불가능한 일이라고 속단하지는 말자. 아주 드물지만 모두들 떠나는 농촌으로 오히려 귀농하는 사람들이 있다. 그들 가운데는 생계를 위해 어쩔 수 없이 들어가는 경우가 있는가 하면, 대안의 삶을 일구고자 자발적으로 귀농하는 사람들도 일부 존재한다. 저자 전희식은 후자의 경우다. 그는 영성(명상)·생태·대안 공동체에 관심이 많다. 하여 고향도 아닌 전북 완주의 두메산골에 들어가 심신의 수련을 쌓으며 농사짓고 있다. 이력을 보니 15년간이나 서울, 인천 등지에서 노동운동에 몸담았던 사람이다. 그랬다가 "땅과 자연에 가까이 가는 생활이 자신을 구원할 것이라는 믿음"으로 귀농의 어려운 선택을 한 것 같다.

그냥 농사짓기도 힘든 일이다. 더구나 '유기농 농사꾼'으로 살아가려면 얼마나 고생이 심하겠는가? 이는 변산 공동체 윤구병 선생의 『잡초는 없다』에서도 생생하게 읽은 적 있다. 한데 어찌된 일일까? 이 책 『아궁이 불에 감자를 구워 먹다』에서는 생계 자립을 위한 아등바등·애면글면한 모습을 찾아보기 어렵다. 오히려 각박한 현실을 이겨내는 전희식의 낙천적 기질이 곳곳에서 묻어난다. 나름의 비결이 있기 때문이다. 그는 안 사 입고 덜 먹고 아껴 쓰는 생활 습관이 몸에 잘 배어 있다. 예컨대 이발관에 가지 않고 혼자 머리를 깎는다. 옷은 안 사 입은 지 5~6년이 넘었고 양말도 기워 신을 정도다. 이에 대해 가족들도 군말 없이 잘 호응해 주는 것 같다. 전희식은 귀농을 "관행과 남의 시선을 위한 삶을 더 이상 살지 않겠다는 다짐"이며, "삶의 패러다임을 전면 전환하는 것"이라고 정의한다. 고로 그가 생각하는 귀농은 돈이나 벌자고 직업을 농업으로 바꾸는 것과는 상관없다. 바른 농사짓기는 그 자체가 땅을 살리는 거룩한 행위며, 우주와의 소통이고 사람이 사람답게 사는 길이기 때문이다. 따라서 무분별한 농약과 비료 사용으로 겉보기만 좋은 농산물을 생산하는 사람은 더 이상 농사꾼이 아니다. 땅 공기 물에 대한 침략자다. 좀 극단적 규정이지만, 바른 농사꾼으로 서겠다는 본인의 굳은 다짐에서 나온 말이 아닌가 싶다.

그러나 현실은 반드시 마음먹은 대로만 되는 것이 아니다. 책에 자세히 나와 있진 않으나, 전희식은 귀농한 뒤 별 수 없이 트럭운전·무역·책장사까지 해야 했다. 또 지금은 인터넷 사업도 하고 있다고 머리말에 썼다. 내가 아쉬운 부분은 이 점이다. 귀농하여 힘겨웠던 이야기, 가령 좌절하고 현장을 떠나고 싶었던 어두운 기록들이 내용 중에 거의 보이지 않는다. 귀농은 이제 단지 선언적인 차원이 아닌 하나의 시대적 '대안'이 되어야 한다. 그러기 위해 살림살이 고충에 대한 좀 더 솔직한 고백이 들어갔더라면 하는 아쉬움이 남는다.

전희식은 가족형 자급농을 이상(理想)으로 유기농을 고집한다. 하지만 자신을 아직 초보 농사꾼이라고 말한다. 그의 농사짓는 모습이 이웃 노인들에게 아직 서툴고 불안하게 보이기 때문이다. 그래도 저자는 워낙 부지런히 배우고 힘쓰기에 실상 농사 솜씨가 수준급이다. 그는 고추농사로 동네의 다른 어떤 집의 것보다 싱싱한 수확을 얻어 '태양초'라고 자랑한다. 감자나 밀농사도 어느 정도 성공을 거둔 것 같다. 근데 농사의 기본이 되는 벼농사 이야기는 빠져 있어 정말 잘 짓고 있는지 궁금하다. 하긴 젊은 농사꾼답게 실패를 두려워하지 않으며 실험정신을 잃지 않는 그이기에 잘 해내고 있을 것이다.

열댓 가구 사는 작은 마을에 들어와 귀농한 지 벌써 9년째. 전희식은 그동안 자식농사도 게을리하지 않은 것 같다. 농사짓는다고 딸과 아들의 교육문제에 결코 등한히 하지 않았다는 말이다. 그는 자녀들이 학교에서 겪는 소소한 문제에 세심한 주의를 기울인다. 그 해법을 찾기 위해 함께 부지런히 대화하고 고투한 흔적이 엿보인다. 저자는 못된 담임선생에게 구박받던 아들, 대안학교에 보낸 딸에 대한 이야기를 들려준다. 그리하여 오늘날 학교교육이 처한 위기의 현실과 해결의 실마리를 어디서 찾아야 할 것인지 방향을 제시한다. 전희식은 평소 명상훈련이 잘되어 있는 사람이다. '몸'(몸과 마음)을 하나로 일치시키기 위하여 항상 성찰의 끈을 놓지 않는다. 그래선지 자잘한 일상에서 날렵하게 삶의 교훈을 이끌어 내곤 한다. 이 책은 한 귀농인의 치열한 삶을 통해 어떻게 살 것인지 고민하게 만들 것이다.

물, 바람, 태양이 대안이다!

프란츠 알트/손성현 옮김,
『생태주의자 예수』(나무심는사람, 2003)

　미국은 지난 9.11 테러 응징과 대량살상무기(WMD) 제거를 구실로 아프간과 이라크를 침공하여 그야말로 쑥대밭을 만들어 놓았다. 베트남전 때 못지않게 세계적인 전쟁 반대 여론이 들끓었으나 막무가내였다. 이처럼 미국이 극구 '더러운 전쟁'을 강행한 이유는 무엇이었을까? 알 만한 사람들은 두 전쟁이 실상 석유와 천연가스 같은 에너지 자원 확보를 위한 것이었다고 말한다. 왜 이런 끔찍한 에너지 전쟁이 터졌는가? 현재 화석 에너지가 급속히 고갈되고 있기 때문이다. 에너지 전문가들은 앞으로 석유 40년·가스 45년·석탄 120년·우라늄 50년의 수명을 예상한다. 사실이라면 석유나 우라늄 같은 화석 에너지에 이대로 절대 의존하다가는 얼마 안 가서 나라 경제가 파탄에 이를 게 불보듯 훤하다. 재생 가능 에너지로 시급히 전환해야 할 시점인 것이다. 독일을 비롯한 여러 유럽 국가는 2050년까지 100% 재생 가능한 에너지 전환 정책을 현재 추진 중이다. 이에 비하면 한국은 한참 늦었다.

프란츠 알트(Franz Alt)의 책 『생태주의자 예수』는 대체 에너지에 대한 우리의 눈을 번쩍 뜨게 해 준다. 알트는 대학에서 역사·신학·철학을 공부했고 정치학박사다. 또 독일 남서방송 SWF에서 정치시사 프로그램을 맡아 30여 년 동안 진행한 유명 언론인이다. 그렇지만 책상물림이 아닌 몸으로 직접 뛰는 열혈 환경운동가다. 적극적인 환경보호 활동으로 독일의 환경상 '골덴네 슈발베'(1992)와 '유럽 태양상'(1997)을 수상했다. 그는 시민단체 <에너지 전환>의 초청으로 몇 차례 내한한 적도 있다. 알트는 이 책에서 지금 우리 삶의 방식에 대한 일대 전환을 촉구한다. 그가 외치는 표어는 루소가 말한 것처럼 "자연으로 돌아가자!"가 아니다. "자연과 함께 전진!"이다. 즉 재생 불가능한 에너지를 차지하려고 골몰하지 말고, 이미 풍부하게 있고 특정 국가의 독점도 거의 불가능한 물·바람·태양·바이오매스(biomass) 같은 대체 에너지를 개발하라는 것이다. 이는 결코 뜬구름 잡는 이상적인 이야기가 아니다. 알트에 따르면 일본·독일·미국 등은 화석 에너지를 대체할 무한한 에너지가 태양 에너지임을 알고서 일찌감치 이에 대한 개발을 서둘러 왔다.

가령 일본은 20세기 말에 이미 200만 개의 태양열 지붕을 보급시켰고 독일은 약 30만 개에 달한다. 미국 정부도 앞으로 태양열 지붕 100

만 개 프로그램을 현실화하려고 진행 중이다. 노르웨이·아일랜드·가나 같은 나라는 전기의 거의 100%를 수력발전을 통해 얻고 있다. 독일에서 가동되는 풍차들은 이미 원자력발전소에서 생산하는 전기보다 더 많은 양을 생산한다. 이는 재생 에너지가 단지 보조적인 차원에 머무는 것이 아니라 확실한 대체 에너지임을 보여 준다. 알트는 현재 대만정부의 풍력 발전에 관한 자문 역할을 담당하고 있다. 대만은 2030년까지 재생 가능 에너지로 50%를 전환할 계획을 공식적으로 밝혔다고 한다. 생각 있는 선진국들은 이토록 급속히 변화하고 있다. 한데 우리는 안일하게 화석 에너지에 기대고 있는 꼴이다. 이러다가는 만 년 에너지 식민지 상태를 벗어나지 못할 것 같아 걱정이다.

알트는 오늘의 생태계 근본 위기가 곧 내면의 위기에 있다고 본다. 그는 모든 나라가 경제의 무한 성장을 원하지만 지구는 그런 소유욕을 만족시키기엔 턱없이 부족하다고 진단한다. 하여 이 세상에서 무한 성장할 수 있는 것은 암(癌) 말고는 없다는 사실을 다들 파악해야 한다고 꼬집는다. 알트에 따르면 진정한 무한 성장은 내적 차원에서만 가능하다. 그는 생태적 대안을 말하고자 예수를 불러들인다. 생태 위기를 극복하기 위해서는 적절한 생태 윤리가 꼭 필요하다. 알트는 그것을 예수에게서 발견한다. 이 예수는 하늘 아버지의 좋은 창조세계를 끝없이 신뢰했던 생태주의자다. 사실 알트는 그의 책『산상설교의 정치학』(1983)과『최초의 새로운 인간』(1989)에서도 예수를 핵무기 없는 평화군축과 태양에너지 시대를 여는 열쇠로 이미 제시한 바 있다. 생태주의자 예수는 뜬금없는 소리가 아닌 게다.

그럼 예수가 생태주의자인 근거는 무엇이며 그는 어떤 대안을 제시하는가? 알트는 예수의 가르침에 농사꾼 냄새 물씬 풍기는 생태 이미지가 가득하다는 사실을 환기시킨다. 실제 예수의 비유만 보더라도 태반이 농사짓는 이야기들이다(씨 뿌리는 자의 비유, 겨자씨 비유, 가라지 비유, 포도원 품꾼의 비유……). 그래서 크로산(J. D. Crossan) 같은 일부 학자들은 예수를 갈릴리의 농부 출신으로 볼 정도다. 예수는 이렇게 말했다. "아버지께서는 악한 사람에게나 선한 사람에게나 똑같이 해를 떠오르게 하신다"(마 5:45) 알트는 이 구절에 담긴 강렬한 생태 이미지를 매우 중시한다. 그는 누구에게나 공평하게 공급되고 청구서를 보내지 않는 태양에너지에 대한 암시가 여기에 서려 있다고 본다. 물론 예수가 21세기의 화석 에너지 고갈 사태를 훤히 내다보고 그런 말을 했을 것 같진 않다. 예수에게서 생태적 대안을 찾고자 너무 침소봉대한다는 비판이 당장 터져 나올 법하다. 하지만 알트는 예수를 단지 재해석하는 데 그치지 않고 징후적으로 독해(symptomatic reading)한다는 사실에 유념하라. 말하자면 그는 예수 자신이 미처 상상하거나 의식지 못했더라도 21세기 생태위기 해법을 행간에서 날렵하게 읽어낸다. 알트가 볼 때 예수는 '그 시대를 앞서 나간' '최초의 새로운 남자'이다. 그는 이에 대한 근거로 예수가 2천년 전 남자와 여자의 파트너 관계를 제시하였고 여성 제자들을 선뜻 받아들인 사실을 환기시킨다.

알트는 예수가 온 창조세계에 '신뢰하라!' '하나님의 협력자가 되라!' '위기와 실수로부터 배워라!' 등의 행복 메시지를 전했다고 강조한다. 그가 생각할 때 선한 하나님의 선한 창조에 대한 예수의 신뢰를 본받는 것은 매우 중요하다. 예수가 체험한 하나님의 이미지는 무서운 심판자가 아닌 선하고 좋은 아버지였다. 알트는 이런 하나님에 대한 새로운 이미지가 예수를 새로운 존재로 변화시켰다고 말한다.

그리고는 "선하신 아버지의 선한 창조에 대한 예수의 신뢰, 예수의 희망, 사랑의 능력, 날카로운 양심과 기꺼이 책임을 지는 예수의 삶에 동화된 사람들이 필요하다."(129쪽)고 역설한다. 알트에 따르면 예수와 같은 내면의 근본적 변화 없이 추진되는 모든 기술적-생태적 진보는 무용지물이다. 최근 지구온난화와 기후변화 영향으로 급격한 성장세를 보이는 신재생에너지 분야도 실제로 그것을 누가, 어떤 마음가짐으로 개발하느냐에 따라 행복도 재앙도 될 수 있다. 환경기술과 환경윤리를 동전의 양면으로 보는 알트의 통찰은 숫제 과장이 아니다. 알트는 신약성서에 누차 언급되는 희랍어 피스티스(pistis)와 피스튜에인(pisteuein)을 '믿음' 혹은 '믿다'로 번역하는 것은 적절치 않다고 본다. 오늘날 '믿음'이라는 말이 '무엇을 맹목적으로 따르는 것'이라는 의미로 널리 쓰이기 때문이다. 그래서 알트는 피스티스와 피스튜에인을 '신뢰하다'로 번역해야 예수의 의도를 더 정확히 드러낸다고 주장한다. 그가 볼 때 창조주 하나님은 온 세상 만물을 위해 물·바람·태양 같은 항구적 에너지를 꾸준히 공급하고 계신다. 대체에너지 기술을 발전시켜 하나님이 차별 없이 베풀어 주는 그 같은 자연의 청정에너지를 잘 받아쓰면 된다.

알트는 이 책에서 태양광·풍력·교통정책·수력·농업·동물정책·노동 등 대체에너지 관련 꽤 다양한 주제를 다룬다. 언뜻 정치·경제학 교과서 같은 데서나 나올 법한 딱딱한 주제들로 보인다. 지레 겁낼 필요 없다. 알트는 풍부한 경구와 사례로 대중이 이해하기 쉽게 잘 다듬어 놓았으니 말이다. 이 책을 제목만 보고 종교서적으로 취급해 버릴까 걱정이다. 물론 알트는 생태주의자 예수가 전한 메시지를 고갱이로 오늘 우리의 생태적 비전을 날카롭게 제시한다. 하지만 그

대부분의 내용은 지금 우리 삶에 아주 밀착된 이야기들로 채워져 있
다. 이 책에 나오는 일일 생태뉴스에 따르면 현재 세계는 하루에 150
여 동식물을 멸종시키고, 6,050만 평의 사막을 만들어 내며, 1억 톤의
온실가스를 배출하면서 종말을 향해 치닫고 있는 실정이다. 알트는
이러한 미친 행진을 막고 자연과 인간이 평화할 때만이 미래가 있다
고 본다. 그가 제안하는 물·바람·태양·바이오매스 따위의 지속 가
능하고 재생 가능한 대체 에너지로의 전환은 충분히 설득력이 있다.
또 지구의 내일을 생각한다면 선택의 여지가 없는 것으로 보인다. 기
분 좋은 일은 이러한 에너지는 엄청난 일자리를 창출할 뿐만 아니라
청구서를 보내지 않는다는 사실이다. 게다가 노동이 아름다운 사회를
만들며 궁극적으로 인간과 자연을 살린다. 이른바 알트가 주창하는
'생태기적'이다. 이를 위해 생태적 윤리·정치·경제를 이루고 우리
삶의 영성을 키우는 일이 절실히 필요한 시점이 아닌가 싶다.

슈바이처가 외친 생명경외 사상

알버트 슈바이처/지명관 · 윤성범 옮김,
『나의 생활과 사상에서/예수 소전』(정지사, 1965)

지금 내 앞에는 1965년판의 낡은 슈바이처 자서전이 놓여 있다. 헌
책방에서 우연히 건져낸 보석 같은 책이다. 표지 앞뒷면에는 아마도
첫 주인이었을 사람이 자신의 이름과 낙서를 어지럽게 갈겨 놓은 게
그대로 남아 있다. 그러나 정작 책은 읽지 않았는지 다행히도 내용은
깨끗해서 세로쓰기로 된 것 외엔 읽는 데 그다지 불편함이 없었다.
이 책은 새 주인을 만나기까지 긴 세월 동안 헌책방 창고에서 침묵하
며 견디고 있었다. 그러니 책을 샀다고 해도 직접 읽고 책과 대화하

기 전에는 누구도 주인은 아니다. 이렇게 묵은 책과 닿은 소중한 인연으로 위대한 영혼과 만나는 행운을 얻게 되어 그저 감사할 따름이다. 이 책은 슈바이처가 56세가 되었을 때 자신의 인생을 되돌아보는 차원에서 쓴 자서전이다. 그래서 그런지 여느 전기와는 격이 다르게 다가왔다. 게다가 한국어판을 위한 저자의 서문도 실려 있다. 그는 짤막한 서문에서 이렇게 말한다.

> 오늘날 세계는 여러 가지 곤궁에 빠져 있습니다. 그 이유는 우리가 아직도 진정한 문화에 도달하지 못한 채로 문화란 지식과 능력이 이룩하는 업적에 있다는 생각에 사로잡혀 있다는 데 있습니다. 이러한 것은 외면적인 진보에 불과합니다. 우리가 지금보다 더 선량하고 가치 있고 인자한 인간이 되기를 바랄 수 있는 정신적인 진보가 동시에 일어나야 합니다. 이때야 비로소 외면적인 진보도 의미를 갖게 됩니다. (중략)……우리는 전쟁에 대한 생각에 사로잡혀 있는 인간이기를 그만두어야 합니다. 그것은 세계에 불행을 가져올 뿐입니다. 이러한 평화에 대한 희구에서 위대한 문화진보가 이루어집니다. 바로 이 문화진보야말로 오늘날 세계 어디서나 중대한 문제로 되어 있는 것입니다.

내가 보기엔 슈바이처는 정말 욕심이 많았던 사람이다. 신학자·철학자·음악가·의사에 이르기까지 그의 다방면에 걸친 이력은 보통의 사람들을 주눅 들게 만들기에 충분하다. 한 사람이 일생에 걸쳐 한 분야도 제대로 이루기 힘든데, 그는 참으로 다방면에 걸쳐 눈부신 재능을 발휘했던 것이다. 그냥 남들 하는 만큼 한 것이 아니었다. 각 분야마다 그야말로 한 획을 그었다 할 만큼 탁월한 업적을 남겼다. 신학분야에서 그가 남긴 저작『예수의 생애 연구사』는 지금까지도 금자탑으로 남아 예수 연구의 필독서로 손꼽힌다. 또한 음악 전공자

들에게 슈바이처는 바흐 연구와 뛰어난 오르간 연주자, 그리고 오르
간을 현실적으로 개량한 사람으로 유명하다. 철학자인 그는 칸트를
연구했고 새로운 문화를 위한 인간윤리로서 '생명에 대한 외경 사상'
을 부르짖었다. 마지막으로 의사로서 그는 현재 아프리카 가봉에 속
하는 람바레네에서 90세의 생을 다하는 날까지 흑인들을 위해 헌신
적으로 봉사했다.

이리하여 그에게는 흔히 '원시림의 성자', '세계의 위인'이라는 별
칭이 따라붙곤 한다. 사실 이런 찬사들은 우리가 슈바이처라는 한 인
간의 진면목에 접근하는 것을 방해할 뿐이다. 슈바이처를 우리 보통
의 사람들과 전혀 다른 종류의 인간으로 바라보게 만들기 때문이다.
자서전을 읽어 보면 알겠지만 그도 우리와 크게 다를 바 없는 인간이
었다. 어떤 결정을 해야 할 때 고뇌하는 건 당연했고, 책을 한 권 쓰
더라도 많은 시간을 들여 온갖 심혈을 기울여야 했다. 천재라서 그냥
주어진 것은 하나도 없다는 말이다. 다만 그는 '네 이웃을 몸과 같이
사랑하라'는 예수의 가르침을 관념이 아닌 온몸으로 실천하려 했다
는 점에서 여느 사람들과는 사뭇 달랐다. 그러기에 슈바이처는 다음
과 같은 고백을 하였을 것이다.

> 내 주위에 있는 많은 사람들이 고통과 근심으로 싸우고 있는데 나
> 만 행복한 생활을 보낸다는 것은 나로서는 생각할 수 없는 일이었
> 다. 이미 초등학교 시절에 동급생들의 비참한 가정 형편과 우리들
> 균스바하 목사 댁 어린이들이 누리고 있는 참으로 이상적인 가정
> 생활을 비교해 보고 나는 심한 충격을 받곤 하였다. 대학 시절에도
> 연구 생활을 하면서 학문과 예술에 대하여 무엇인가 공헌할 수 있
> 다는 행복 속에서 나는 물질적 환경과 건강 때문에 이러한 행복이
> 허용되지 않고 있는 사람들에 대하여 부단히 생각하지 않을 수 없

었다. ……문득 나는 이러한 행복을 어떤 자명한 것으로 받아들일
것이 아니라 이것에 대하여 나도 무엇인가 남에게 베풀어 주어야
한다는 생각에 사로잡혔다.
이 생각을 더듬으면서 고요히 사색에 잠겨 있는 동안 밖에서는 새
가 지저귀고 있었다. 나는 자리에서 일어나기 전에 드디어 다음과
같은 결의에 도달하였다. 30세까지는 학문과 예술을 위하여 살아도
좋게끔 되어 있다고 생각하자. 그리고 나서는 직접적으로 인간에게
봉사하는 일에 몸을 바치자. "누구든지 제 목숨을 구원하고자 하면
잃을 것이요, 누구든지 나의 복음을 위하여 제 목숨을 잃으면 구원
하리라." 하신 예수의 말씀이 나에게 어떠한 의미를 가지는가 하고
나는 참으로 여러 번 생각해 보았다. 이제 나는 그 대답을 발견하
였다. 여기에 나는 외적인 행복에다 내적인 행복도 부가하여 차지
하게 되었다(116~117쪽).

내가 슈바이처에게 있어서 무엇보다 주목하고자 하는 점은 '생명
에 대한 경외'로 요약되는 그의 사상이다. 슈바이처는 이러한 사상적
결론에 도달하기까지 수많은 경험과 사색을 거쳐야 했다. 때로 전쟁
포로로 붙잡혀 미래를 알 수 없는 불안에 떨었고, 짐승처럼 취급받는
흑인들을 안타까운 눈으로 지켜보아야 했다. 이 과정에서 그는 윤리
철학의 생명력 없는 공허함을 넘어서고자 고심하였다. 그러던 어느
날 문득 계시처럼 '생명경외'라는 말을 떠올리게 되었노라고 술회한
다. 슈바이처는 이 '생명경외'야말로 세계·인생 긍정과 윤리가 다 같
이 내포되어 있는 이념이라고 말한다. 윤리적 세계, 인생 긍정의 세계
관은 인류의 문화적 이상을 성취하는 발판이라고 보고 있다. 생명경
외에 대한 그의 생각을 살펴보자.

현실 세계를 무엇이라 해석하므로 말미암아 윤리적 세계·인생 긍
정에 도달하려고 하는 사색적 노력이 아직도 있지만 이 모든 노력
은 장래성 없는 허망한 것이다. 생명경외의 세계관은 세계를 있는

그대로 보는 데서 온다. 이 세계는 영광 중에 전율할 것, 의미 속에서 의미를 상실한 것, 환희에 가득 차 있으면서도 고뇌에 가득 차 있는 것이다. 어느 점으로 보아도 이 현실 세계는 인간에게 풀 수 없는 수수께끼다. 그러나 우리가 세계사건을 의미 있는 것으로 파악할 수 없다고 하여 인생 문제에 대하여 어찌할 바를 모르는 채 있어야 한다고는 말할 수 없다. 생명경외는 세계 전체에 대한 모든 인식과는 관계없는, 대(對)세계의 정신적 관계를 우리에게 가르쳐 준다. 생명경외야말로 체념의 어두컴컴한 골짜기를 지나 내면적인 필연성에서 윤리적 세계·인생 긍정의 밝은 산마루에 우리를 인도한다(255~256쪽).

슈바이처는 사색을 잃어버린 현대인의 모습을 보면서 납득할 수 없다며 개탄한다. 그에 따르면 사색을 포기한 현대인들은 물질적으로는 거대한 능력을 가지고 있지만 실상은 쪼그라들고 있다. 사색할 수 있는 능력을 사용하지 않는 이러한 현대인은 더 이상 진리를 추구하지 않는다. 이는 정신적인 파산선고나 다름없고 여기에서 허무주의가 시작된다. 그래서 현대인들은 권력이나 선전으로 그들에게 강요하는 것을 진리로 받아들이게 된다고 슈바이처는 꼬집는다. 그가 보기에 인생과 세계에 대하여 사색하는 인간이라면 불가피하게 생명 경외에 다다르게 된다. 그 외에 다른 방향으로 가는 결론이란 없다고 한다. 일부 현대 철학자들은 인간이란 필연코 회의주의나 윤리적 이상 없는 인생에 도달할 수밖에 없다고 주장한다. 하지만 슈바이처는 그것은 사상이 아니라 사상이라고 자칭하는 무사고(無思考)에 지나지 않는다며 일축한다. 오늘날 세계에는 자본을 위한 인면수심(人面獸心)의 전쟁 광기가 횡행한다. 또한 인간의 끊임없는 환경파괴로 당장 내일이 불안한 상태에 놓여 있다. 이러한 지금의 상황이야말로 슈바이처가 외친 생명경외 사상을 곱씹어야 할 때가 아닌가 싶다.

불교와 그리스도교 사상의 창조적 만남

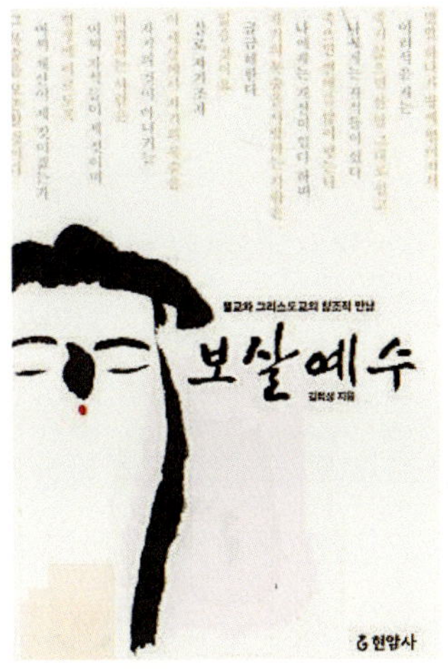

길희성,
『보살예수』(현암사, 2004)

오늘날 종교 간의 만남은 마치 거스를 수 없는 대세처럼 날로 가속화되고 있다. 여기엔 여러 이유가 있겠지만, 무엇보다 다채널·인터넷으로 상징되는 정보통신 기술의 눈부신 발달의 영향이 가장 큰 것 같다. 이젠 누구나 안방에 가만 앉아서도 리모컨 하나의 조작으로 원한다면 이웃종교의 생생한 모습을 얼마든지 접할 수 있다. 과거엔 자신이 다니는 교회·사찰·성당에서 배우고 경험한 것만이 최고이고 전부인 줄로 알고 그대로 만족하며 살았을지 모르나 이젠 시대가 전혀 달라진 것이다. 마치 철옹성같이 드높기만 하던 종교 간의 낡은 벽들은 밖에서부터 이미 급속도로 허물어지고 있다. 이를 반영한 듯, 신학계 내에서도 벌써 십수 년째 종교다원주의 문제가 중요한 화두가 되고 있다. 그런데 안타깝게도 이에 별로 준비가 되지 않은 게으른 종교 지도자들은, 신도들로 하여금 이웃종교를 만나지도 듣지도 보지도 못하게 문단속을 하고 내부결속이나 다지는 것이 상책이라 생각하는 것 같다. 하지만 그럴수록 그 종교는 대중으로부터 고립을 자초하여 시대착오와 퇴락의 길을 걷게 될 것임은 당연하다.

현재 한국에서 쌍벽을 이루는 가장 큰 두 종교 세력은 불교와 그리스도교다. 그런데 세계적인 이 두 종교는 본격적인 대화 한 번 나눠보지 못한 채, 다만 곁눈질로 서로를 조금씩 배우고 있을 뿐 대개 겉으로는 애써 무시하거나 냉담한 태도를 취하고 있는 실정이다. 한편 그리스도교 이후의 시대에 접어든 지 벌써 오래인 서구유럽에서는 ‘서구화된 불교’가 상당히 빠른 속도로 그 공백을 메워 가고 있다. 그래서겠지만 『만행』으로 유명한 현각과 같은 벽안의 수도자들이 한국 불교를 배우겠다고 심심치 않게 찾아들고 있는 것은 이젠 결코 낯선 풍경이 아니다. 이처럼 그리스도교의 종주국에 사는 서구인들이 불교에 한참 심취하고 있는 동안, 정작 한국 그리스도인들은 1,600여 년이 넘는 기나긴 역사를 자랑하는 이 땅의 불교를 만나는 일에 대체로 너무 소극적인 편이다. 물론 그동안 다석 유영모, 변선환 같은 선구자들이 있어 간헐적인 연구를 진행한 바 있다. 그러나 이들의 전문적인 연구 성과를 대중들이 접하기엔 어려움이 있었다. 더구나 이들의 연구 업적은 불교와 그리스도교 사상의 심층적인 대화를 했다고 보기엔 다분히 시론적인 수준에 머무는 것이었다.

이런 상황에서 출간된 길희성의 『보살예수』는 한국 그리스도교의 불교 이해가 얼마나 심원한 단계에까지 이르렀는지를 보여 주는 한 줄기의 놀라운 빛이 아닐까 싶다. 이 책에는 독실한 그리스도인으로서 반평생 불교사상을 연구해 온 저자의 농익은 학문적 결실이 고스란히 담겨 있다. 그는 단지 불교사상을 소개하는 데서 그치지 않고 두 종교의 창조적인 대화를 시도하면서 매우 심도 깊은 신학적 논의를 과감하고도 자신 있게 펼쳐 보인다. 그러면서도 불교나 신학에 대한 전이해가 별로 없는 사람일지라도 이해하기 쉽게 대중의 눈높이를 고려하여 잘 풀어 쓰고 있기 때문에 앞으로 스테디셀러가 될 것 같다. 서문에서 저자는 "인간을 구원하는 것은 (신학, 교리, 사상보다는) 결국 '사랑과 자비의 힘'임을 믿으며, 예수와 보살은 우리 모두에게 그러한 힘을 매개해 주는 존재임을 밝히고자 했습니다."라고 이 책의 저술 의도를 분명히 밝힌다. 그의 이 말이 보수 그리스도인들의 반발을 우려해 우선 면피나 해 보자고 마음에도 없이 보험에나 들듯 발언한 것이라고 보면 큰 오해다. 한 사람의 진지한 신앙인으로 또한 종교학자로, 하나님의 형상을 회복한 참사람으로 서고자 그가 얼마나 오랜 기간 치열한 몸부림과 사색을 거듭하였는지가 이 책에 고스란히 묻어나기 때문이다.

이 책은 그리스도교 신앙과 사상의 역사를 간략히 개관하면서 세 번의 큰 패러다임 전환을 언급한다. 그리스도교와 그리스 철학의 만남·근대과학과의 만남·동양종교와의 만남이 그것이다. 저자의 전망에 따르면, 현재 진행 중인 동양종교와의 만남은 앞의 두 가지 만남보다 지금의 그리스도교에 훨씬 심각한 도전이 될 것이다. 또한 동양종교들 앞에서 그리스도교의 절대적 진리관과 배타적 구원관이 흔들릴 것이기에, 적어도 그리스도교 중심적·제국주의적 시각은 치명타를 입게 될 것으로 보고 있다. 그의 이런 우려는 좀 지나친 감이 없지 않다. 그리스도교의 배타적 구원관이 세계적으로 점차 설득력을 잃어가고 있는 것은 분명 사실이다. 그러나 그 원인이 반드시 동양종교와의 만남에서 비롯된 것 같진 않다. 한국인들이 그리스도교를 받아들였을 때는 어떤 형태로든지 기존의 동양종교(유불선) 사상의 배경을 뿌리 깊숙이 가지고 있었음을 더 깊이 고려해야 할 것이다. 민주화와 열린사회로 인한 합리적 시민의식의 성숙, 그리스도인들의 표리부동한 이기적 삶의 행태가 지각 있는 사람들로 하여금 그리스도교의 배타적 구원관에 등 돌리게 하는 진짜 원인이 아닐까?

저자의 분석에 따르면 힌두교는 인간을 카스트에 귀속하며, 유교는 일차적으로 가족과 혈연관계 속에서 파악한다. 세계적인 종교가 되기엔 치명적 한계를 안고 있는 것이다. 반면 불교와 그리스도교는 인간을 초월적 실재와 관계하는 영적인 존재로 보기에 세계 보편성을 지닌다. 고로 두 종교는 인간의 문제를 가장 적나라하게 대면하게 하면서 치열한 영적 고뇌와 투쟁을 하게 만든다는 것이 저자의 생각이다. 그는 철저히 자기를 부정하고 초월적 구원을 추구하는 두 종교의 깊은 대화가 영성적으로나 신학적으로 서로에게 큰 유익을 줄 것이 분명하기에 꼭 필요하다고 역설한다. 과연 그럴까? 두 종교의 대화로 유익한 결실을 얻을 수 있을지 아직 속단하긴 힘들다. 가령 저자는 그리스도교 신앙을 오래도록 괴롭혀 온 변신론(신정론) 문제를 불교의 윤회사상을 과감히 수용함으로써 일말의 해결점을 찾을 수 있으리라고 본다. 취지는 충분히 공감한다. 하나 편리한 절충주의 내지 환원주의로 보여서 그다지 속 시원한 해결책 같진 않다.

이 책에서 저자는 불교의 공관(空觀)과 중세 신비주의 사상가 에크하르트의 사상에 비추어 그리스도교의 신관을 더욱 심화할 수 있는 길을 열었다. 또한 보살예수론을 설득력 있게 정립해 보임으로써 불교와 그리스도교의 접촉점도 찾아냈다. 바로 이 두 가지가 『보살예수』에서 이룬 저자의 가장 큰 성과가 아닐까 싶다. '보살예수론'은 나 홀로 깨달음과 마음의 평화를 추구하는 데서 그치지 않고, 아래로 중생을 구제하려는 예수의 아가페적 사랑과 보살의 무차별적 자비의 정신을 나타낸 것이다. 저자는 동양의 기독론은 보살예수론이 제격이라고 주장한다. 보살은 대승불교가 말하는 이상적 인간형이자 깨달음을 이미 이룬 존재다. 그럼에도 그는 지상에 남아 마지막 한 사람까지 구원하기 위해 헌신하는 자이다. 저자가 보살을 성육신한 예수와 가장 일맥상통한 존재로 보고 보살예수론을 펴는 까닭도 여기에 있다. 이 세상에서 인간이 직접 만들지 않은 것은 모두가 하나님의 은총으로 받아들여야 한다는 저자의 생각이 신선하다. 사실 그러고 보면 그리스도교를 비롯한 세상의 모든 종교 또한 하나님의 은총으로 주어진 것이다. 역사적으로 종교는 시대와 환경에 따라 유기체처럼 변화·발전해 왔다. 이런 각 종교들이 저자의 바람처럼 심층적인 대화를 나누면서 궁극적 실재인 하나님을 더 깊이 알게 되고, 또 깨달은 만큼 이웃을 더욱 잘 섬길 수 있었으면 한다.

종교와 과학의 행복한 만남은 가능할까?

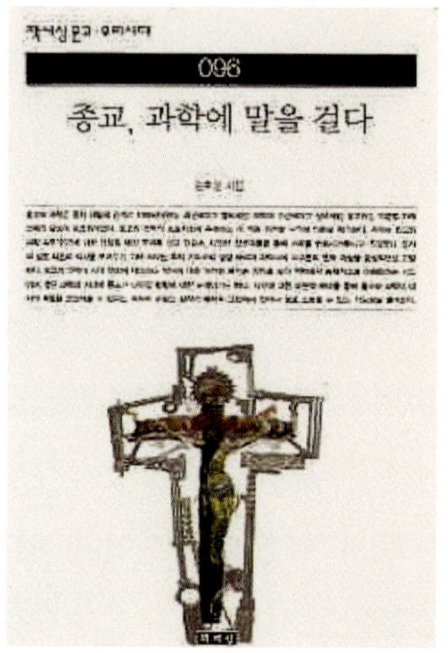

김호경,
『종교, 과학에 말을 걸다』(책세상, 2005)

종교와 과학의 관계는 꽤나 불편한 편에 속한다. '의미'를 추구하는 종교와 '사실'을 중시하는 과학의 두 패러다임이 자주 충돌을 일으키기 때문이다. 대체 둘의 관계가 언제부터 이렇게 꼬이게 되었을까? 그것은 근대 계몽주의 이후, 이성의 합리성에 기초한 과학의 눈부신 발전이 우주와 세계에 대한 기존의 종교적 설명을 심하게 뒤흔들어 놓으면서부터라고 보아도 크게 틀리지 않을 것이다. 그런데 여기서 한 가지 간과하지 말아야 할 점이 있다. 이른바 근대의 선구자들이었던 데카르트·칸트·코페르니쿠스·케플러·갈릴레이·뉴턴 같은 사람들은 하나같이 하나님을 믿는 신앙인들이었다는 사실이다. 심지어 창조론을 문자 그대로 신봉하는 보수적인 기독교인들이, 마치 원흉처럼 여기는 찰스 다윈(1809~1882)조차 사십 대 이전까지는 독실한 성공회 신자였다. 그는 젊은 시절 교구신부가 되기 위해 신학을 공부했으며, 『종의 기원』을 쓸 때 자신의 신앙은 수도원장만큼이나 강했노라고 어떤 특파원에게 말한 적도 있다. 그런데 이런 신실한 과학자들이 어찌하여 신앙의 이름으로 단죄받거나 배척되었는지 그 연원을 찬찬히 따져 봐야 할 것이다.

단순히 지적 호기심에서가 아니라, 앞으로 종교와 과학이 인류사회에 더욱 크게 공헌하게 하기 위한 방향 모색을 위해서도 이러한 탐색과 성찰은 꼭 필요하리라 본다. 종교와 과학의 길항(拮抗)관계는 워낙 해묵은 문제라고 여길 수도 있지만, 그렇다고 이미 시원스런 해결책이 나온 것은 아니다. 한때는 근대화가 널리 진척되고 과학기술이 더욱 발전하면 비합리적이고 미신에 가까운 종교는 머지않아 퇴출되고 말리라는 생각마저 팽배했던 적도 있었다. 그러나 종교는 결코 그렇게 호락호락 없어지지 않았다. 오히려 21세기에 들어선 현재까지도 무시 못 할 주요 세력으로 맹위를 떨치고 있다. 물론 이를 두고 '근대의 지체'라고 보는 사람도 많이 있을 것이다. 그러나 과학이 끊임없이 쇄신을 거듭해 왔듯, 종교도 옛날의 낡은 상태에 머물러 있지 않고 시대변화에 조응하여 부단히 진화해 왔음을 주목해야 한다. 이로써 우리는 종교나 과학이 과거처럼 어느 한쪽에 일방적으로 종속되는 일은 앞으로 여간 해선 결코 일어나지 않을 것임을 어렵지 않게 전망을 해 볼 수 있다. 고로 인간의 삶을 구성하는 핵심 요소들인 둘의 관계는 향후 본격적인 창조적 대화와 만남이 꼭 이루어져야 한다.

　저자 김호경은 풍부한 인문학적 소양을 바탕으로, 역사 속에서 종교가 과학에 대응해 왔던 방식이 무엇이었는지를 이 작은 책에 친절한 글로 잘 풀어낸다. 하지만 이 책을 처음 대하는 사람이라면, 주제 자체가 너무 거창하고 저자가 신학자이다 보니 얼마나 심도 깊은 논의가 이루어질 수 있을지에 대해 처음부터 의구심을 품을 만도 하다. 이런 우려를 감안한 저자는, 자신의 작업이 피상적인 데 머무는 부실한 것이 되지 않도록 종교를 기독교와 성서 해석학이라는 틀로, 과학은 서구유럽을 중심한 우주론 분야로 한정지어 다룬다. 그가 이 책에서 말하고자 하는 핵심 맥락은 인간의 삶을 중심으로 살펴본 성경해석의 변천 과정과 과학적 세계관의 상관관계이다. 이 작업을 보다 명료하게 해내고자, 저자는 고대·중세·근대·근대 이후(포스트모던)라는 일반적인 시대구분법에 따라 종교와 과학의 변천 과정을 통시적으로 스케치한다.

　근래 들어 신화연구가 대중의 폭발적 호응을 불러일으켰다. 이로써 제법 널리 알려진 사실이지만, 고대의 신화적 사고는 오늘날의 과학과 결코 동떨어진 것은 아니었다. 신화나 과학 모두 세상의 기원이나 인간의 근원적 문제에 관심하고 있고 그 나름의 해결책을 제시하기 때문이다. 하여 저자는 선한 삶을 위해 세상과의 조화를 도모하고 우주와 합일된 질서 속에서 드러난 세상의 궁극성을 추구한다는 점에서 신화는 과학과 종교가 만나는 좋은 통로라고 본다. '어떻게(과학)'와 '왜(종교)'라는 질문이 분리된 것은 근대적 사고의 한계이나, 그 둘을 자연스레 병치하고 하나로 만나게 하여 삶의 바람직한 방향을 제시한다는 점에서 신화가 유용하다는 것이다. 사실 기술적·도구적 언어만으로 인간과 세계를 설명한다는 것은 제아무리 합리적 논거를 끌어댄다 하더라도 그 자체가 결함과 한계성을 지닐 수밖에 없다. 종교를 통한 상징과 은유의 언어가 곁들여질 때라야 훨씬 심원한 차원의 세계인식이 가능한 것이다. 그런데 근대 들어 이 두 패러다임을 전혀 별개인 것처럼 분리해 버린 것은 매우 근시안적인 태도에서 비롯된 것이 틀림없다.

저자는 그리스 철학의 도전에 직면한 기독교가 중세에 플라톤과 아리스토텔레스를 차용하여 기독교 신앙을 설명해 냄으로써 얻게 된 치명적인 문제가 무엇이었는지를 말해 준다. 프톨레마이오스에 이르러 확립된 천동설은 중세 우주론의 근간이 되었다. 그러자 교회는 하나님 중심적 구조 속에서 막강한 권력을 틀어쥐고 횡포를 일삼았다. 반체제적이고 전복적인 성격을 띠고 있던 예수의 가르침과는 전혀 상반된 길을 걸었던 것이다. 저자에 따르면 상황이 이렇게 된 신학적 이면에는 교부시대로부터 발전해 온 성서 해석의 방법론이 놓여 있었다. 중세교회는 테르툴리아누스(161~180)가 주창한 법률가가 법조문 연구하듯 성경에 접근하는 문자적 해석 유형과, 성경에서 영적인 의미를 찾아내려 했던 오리겐(185?~254?)의 알레고리적 해석 유형의 방식을 주로 채택해서 사용했다. 그러나 이 두 성서해석 방법론은 탈역사적·반역사적 성격을 지닐 수밖에 없는 한계를 처음부터 내장하고 있었다. 때문에 저자는 성서를 하나님이 인류와 맺은 역사를 가르쳐 주는 도구로 이해한 이레나이우스(115~202)의 유형론적 해석이 교회사 속에서 무시되어 온 것을 아쉽게 여긴다.

중세 기독교는 긴 세월 플라톤에 바탕을 둔 초월적 신관을 갖고 있었다. 그러니 내재적 신을 상정하는 아리스토텔레스의 책을 금서로 취급했던 것은 어쩌면 당연했다. 용케도 아퀴나스(1225?~1274)는 아리스토텔레스의 철학과 기독교 전통의 성공적인 종합을 이뤄냈다. 그의 종합으로 이성과 신앙을 통해 얻는 지식은 서로 모순되지 않는다는 사실이 확인된 것처럼 보였다. 하지만 저자가 보기엔 중세 기독교는 성경의 이해보다 더 진리의 기준이 된 아리스토텔레스에 함몰됨으로써 득(得)과 함께 실(失)도 가져왔다. 근대 과학혁명의 선봉장들인 코페르니쿠스·갈릴레이·브루노의 맞상대는 엄밀한 의미에서 기독교가 아니라 아리스토텔레스라는 것이 저자의 분석이다. 저자는 천동설과 지동설의 갈등인 갈릴레이 재판·신학에서 역사비평학의 등장·최근 창조과학회를 중심한 창조론과 진화론의 갈등을 살핀다. 그리고는 문제의 본질이 실은 과학과 종교 간의 갈등이 아니라 성서해석 사이의 갈등임을 날카롭게 통찰하고 있다.

요컨대 이 책은 종교와 과학이 근원적 질문(우주·생명의 기원·역사 등)에 접근하는 방법과 목표가 다를 뿐이지 서로의 관심사가 그리 다르지 않다는 사실을 설득력 있게 밝혀 준다. 근대 이후 상대성이론·양자역학·불확정성의 원리가 등장하여 기계론적 세계관을 붕괴시켰다. 이런 상황은 과학적 진리 또한 결코 절대적이고 보편적일 수 없음을 알려 주었다. 즉 오늘의 현실은 기왕의 이원론적 세계관이 붕괴되고 상호의존성, 관계성을 중시하는 패러다임으로 급전환되고 있는 것이다. 저자는 이러한 새 시대를 맞아, 종교와 과학이 중심을 두지 않는 소통의 가능성을 가지고 서로의 중요성을 인식하는 가운데 비판적 대화를 하면서 해체를 넘어 재구성의 길로 나아가야 한다고 본다. 그리하여 이 카오스(혼돈)의 시대에 인간 문화의 올바른 방향을 설정하고 그것을 지켜내는 역할을 각각 담당해야 한다고 역설한다.

정병진 ─────────────────────────────────

장성에서 태어나 호남신학대학교와 장로회신학대학교 신학대학원에서 신학을 공부했다.
일하는예수회에서 노동선교 훈련을 받았고 여수 솔샘교회 담임목사로 섬기고 있다.
교회부설로 어린이도서관과 지역아동센터를 운영하던 중 한일장신대학교 대학원에서 NGO복
지학을 전공하였다.
신학공부의 필요를 더 느껴 같은 대학원에서 신약학을 전공했고 현재는 박사과정을 밟고 있다.
세상과 소통하고자 인터넷 신문 ≪오마이뉴스≫와 ≪뉴스앤조이≫ 등에 틈틈이 글을 쓴다.

누리집: http://solsam.zio.to
e-malil: naz77@hanmail.net

더 깊은 신앙을 위한 책 읽기

내 영혼의 북소리

초 판 인 쇄 | 2010년 12월 1일
초 판 발 행 | 2010년 12월 1일

지 은 이 | 정병진
펴 낸 이 | 채종준
펴 낸 곳 | 한국학술정보㈜
주　　소 | 경기도 파주시 교하읍 문발리 파주출판문화정보산업단지 513-5
전　　화 | 031) 908-3181(대표)
팩　　스 | 031) 908-3189
홈 페 이 지 | http://ebook.kstudy.com
E-mail | 출판사업부　publish@kstudy.com
등　　록 | 제일산-115호(2000. 6. 19)

ISBN　　978-89-268-1721-6 03230 (Paper Book)
　　　　978-89-268-1722-3 08230 (e-Book)

 는 한국학술정보(주)의 지식실용서 브랜드입니다.